汽车控制器与执行器维修百日通

周晓飞 主编

化学工业出版社
·北京·

本书分为十二章，依次为汽车电子控制器概述、发动机电控系统、自动变速器电控系统、底盘控制系统、安全气囊控制单元、大灯控制单元、刮水器控制单元、座椅控制单元、电子信息系统控制单元、中央网关模块、车窗控制系统执行器、前部电子模块。本书适合汽车维修技术人员阅读，也可作为专业培训的参考用书。

图书在版编目（CIP）数据

汽车控制器与执行器维修百日通 / 周晓飞主编．—北京：化学工业出版社，2018.6
ISBN 978-7-122-32056-8

Ⅰ.①汽… Ⅱ.①周… Ⅲ.①汽车-电子系统-控制系统-维修 Ⅳ.①U463.6

中国版本图书馆CIP数据核字（2018）第084190号

责任编辑：黄 滢　　　　　　　　　　　文字编辑：陈 喆
责任校对：宋 夏　　　　　　　　　　　装帧设计：王晓宇

出版发行：化学工业出版社（北京市东城区青年湖南街13号　邮政编码100011）
印　　装：高教社（天津）印务有限公司
787mm×1092mm　1/16　印张12　字数304千字　2018年8月北京第1版第1次印刷

购书咨询：010-64518888（传真：010-64519686）　售后服务：010-64518899
网　　址：http://www.cip.com.cn
凡购买本书，如有缺损质量问题，本社销售中心负责调换。

定　价：65.00元　　　　　　　　　　　　　　　　　　　　　版权所有　违者必究

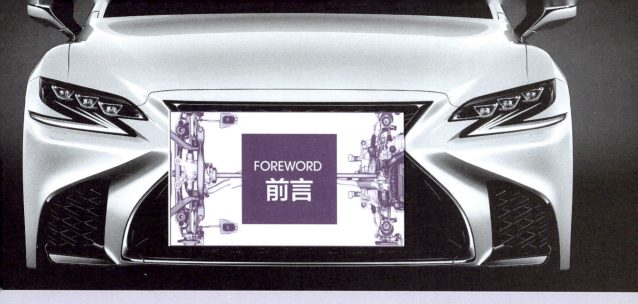

FOREWORD 前言

控制器是电子控制系统中的核心部件,在汽车电子控制系统中,控制器就是我们所说的控制单元或者控制模块,也有叫"行车电脑"或者"车载电脑"的。

电子控制单元的功用是根据其内存的程序和数据对各种传感器输入的信息进行运算、处理、判断,然后输出指令,再由执行器来完成动作。现在汽车的很多系统和子系统电气控制化程度特别高,每一个电子控制系统都会有相应的控制单元、传感器和执行器,来完成整个控制系统的动作。汽车上多个控制单元直接的信息传递采用多路通信网络技术,将整个汽车的电子控制单元形成一个网络系统。本书就这些电子控制单元的控制原理、电路连接以及故障诊断进行比较翔实的讲述。

本书分为十二章,依次为汽车电子控制器概述、发动机电控系统、自动变速器电控系统、底盘控制系统、安全气囊控制单元、大灯控制单元、刮水器控制单元、座椅控制单元、电子信息系统控制单元、中央网关模块、车窗控制系统执行器、前部电子模块。本书适合汽车维修技术人员阅读,也可作为专业培训的参考用书。

本书由周晓飞主编,参加编写的人员还有万建才、边先锋、王立飞、宋东兴、董小龙、李新亮、李飞霞、李飞云、刘振友、郝建庄、梁志全、彭飞、温云、张建军。编写过程中参考了相关的技术文献、多媒体资料及原车维修手册,同时也汇集了很多业内汽车维修高手的经验,在此一并表示衷心的感谢!

由于笔者水平有限和资料的局限性,书中难免有不足之处,敬请广大读者批评指正。

编 者

目录

第一章 汽车电子控制器概述 / 1

第一节 汽车电子控制器基本组成 / 1
　一、汽车电子控制器组成 / 1
　二、输入电路 / 1
　三、输出电路 / 2
　四、微控制器 / 3
　五、电源电路 / 3
第二节 汽车电子控制系统组成 / 4
　一、电子控制单元 / 4
　二、传感器 / 4
　三、执行器 / 4

第二章 发动机电控系统 / 5

第一节 发动机控制单元 / 5
　一、发动机控制单元概述 / 5
　二、发动机控制单元工作原理 / 5
　三、发动机控制单元功能 / 6
　四、发动机控制单元内部元件 / 7
　五、发动机控制单元替换原则 / 9
　六、锁止和防盗 / 9
　七、连接器端子和针脚 / 9
　八、发动机控制系统故障 / 15
　九、发动机控制单元本身故障 / 16
　十、典型的发动机控制单元 / 16
第二节 发动机系统执行器 / 28

一、喷油器诊断 / 28
二、点火开关和喷射装置过载保护继电器 / 35
三、电动风扇诊断 / 36
四、制冷剂压力传感器诊断 / 39
五、凸轮轴电磁阀 / 41
六、制动信号灯开关诊断 / 44
七、点火线圈 / 46
八、蒸发排放控制系统阀 / 53
九、燃油泵继电器诊断 / 55
十、空调继电器诊断 / 55

第三章 自动变速器电控系统 / 56

第一节 自动变速器控制单元 / 56
 一、自动变速器概述 / 56
 二、自动变速器控制单元 / 57
 三、输入、输出轴转速传感器 / 64
 四、油温传感器 / 66
 五、换挡电磁阀 / 66
 六、管路压力控制电磁阀 / 67
 七、锁定控制电磁阀 / 67
 八、换挡压力电磁阀 / 68
 九、空挡启动开关 / 69
 十、自动变速器控制单元故障诊断 / 69
 十一、典型的自动变速器控制单元 / 71
第二节 自动变速器控制系统执行器 / 74
 一、概述 / 74
 二、离合器压力控制电磁阀故障 / 75
 三、换挡电磁阀故障 / 76

目录

四、加减挡开关电路故障 / 78
五、变速器油压力开关故障 / 79
六、驻车挡／空挡位置开关故障 / 80
七、管路压力控制电磁阀故障 / 81

第四章　底盘控制系统 / 83

第一节　一体式底盘管理系统控制单元 / 83
　　一、概述 / 83
　　二、ICM 控制单元 / 84
第二节　电动机械式助力转向系统及其控制单元 / 85
　　一、电动机械式助力转向系统 / 85
　　二、电动机械式助力转向系统控制单元 / 90
第三节　电子减震控制系统与 EDC 阀门电磁阀线圈 / 93
　　一、电子减震控制系统 / 93
　　二、EDC 阀门电磁阀线圈 / 98
第四节　动态稳定控制系统控制单元 / 100
　　一、概述 / 100
　　二、动态稳定控制系统控制单元组成及内部电路 / 100
　　三、控制单元诊断说明 / 105
第五节　轮胎压力监控系统控制单元 / 105
　　一、概述 / 105
　　二、RDC 控制单元诊断 / 106
第六节　驻车制动按钮 / 108
　　一、概述 / 108
　　二、驻车制动按钮诊断 / 108

第五章　安全气囊控制单元 / 111

一、安全气囊控制单元功能 / 111

二、安全气囊控制原理 / 112

三、安全气囊控制单元内部电路 / 117

四、安全气囊控制单元失效影响 / 118

第六章　大灯控制单元 / 119

一、概述 / 119

二、大灯控制单元控制原理 / 119

三、大灯控制单元内部电路 / 120

四、大灯控制单元失效影响 / 121

第七章　刮水器控制单元 / 122

一、概述 / 122

二、刮水器运行方式 / 122

三、刮水器控制原理 / 123

四、刮水器控制单元内部电路 / 125

五、刮水器控制单元失效影响 / 126

第八章　座椅控制单元 / 127

一、概述 / 127

二、座椅控制单元控制功能原理 / 127

三、座椅控制单元内部电路 / 133

目录

四、座椅控制单元失效影响 / 133

第九章　电子信息系统控制单元 / 135

一、概述 / 135
二、控制原理和功能 / 135
三、电子信息系统控制单元内部电路 / 137
四、电子信息系统控制单元失效影响 / 138

第十章　中央网关模块 / 139

一、概述 / 139
二、中央网关控制原理功能 / 139
三、中央网关模块内部电路 / 145
四、中央网关模块失效影响 / 146

第十一章　车窗控制系统执行器 / 147

一、车窗升降机开关 / 147
二、左前门车窗升降机开关 / 147
三、车窗升降机开关内部电路 / 149
四、电路故障 / 150

第十二章　前部电子模块 / 152

一、概述 / 152
二、控制功能 / 152
三、内部电路 / 165
四、失效影响 / 166

附录　本书彩图 / 167

参考文献 / 181

第一章

汽车电子控制器概述

第一节　汽车电子控制器基本组成

一、汽车电子控制器组成

电子控制器（ECU），是电子控制系统的核心部件，用于对各传感器及开关等输入信号的预处理、分析、判断，并根据信号处理的结果输出控制信号，控制执行器工作。ECU由微处理器、输入电路、输出电路等组成，见图1-1。

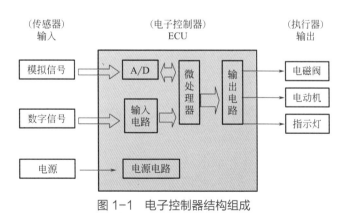

图1-1　电子控制器结构组成

二、输入电路

输入电路对从传感器、开关和其他输入装置的信号进行预处理，可以简单地说就是除杂波和把正弦波变为矩形波，并转换成输入电平（符合计算机要求幅值的矩形波）。

A/D 转换器将模拟信号转变为数字信号。从传感器和其他输入装置输入 ECU 的信号有模拟信号和数字信号。空气流量传感器、进气温度传感器、节气门位置传感器（线性输出式）等，向 ECU 输出的是模拟信号，这是变化缓慢的连续信号。它们经输入电路处理后，都已变成具有一定幅值的模拟电压信号，但微处理器不能直接处理，还必须用 A/D 转换器把这种信号转换成数字信号。

维修图解

数字信号需要通过电平转换，得到计算机接收的信号。对超过电源电压、电压在正负之间变化、带有较高的振荡或噪声、带有波动电压等输入信号，输入电路也对其进行转换处理。电子控制器还需要通过输入电路向传感器提供稳定的 5V 电源，为传感器提供能正确识别被监测参量的电信号。输入电路见图 1-2。

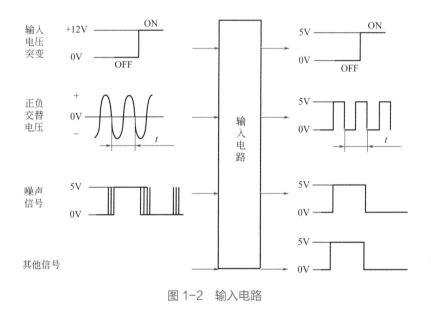

图 1-2　输入电路

三、输出电路

微处理器输出的信号往往用作控制电磁阀、指示灯、步进电动机等。微处理器输出信号功率小，使用 +5V 的电压，汽车上执行机构的电源大多数是蓄电池，需要将微处理器的控制信号通过输出电路处理后再驱动执行机构。

电子控制器中输出电路的作用是将 CPU 经 I/O 输出的控制指令转换为驱动执行器工作的控制信号，使执行器按微处理器的指令动作。电子控制器输出电路通常由信号转换电路和驱动电路组成。

微处理器经 I/O 输出的控制信号是二进制代码，不能直接控制执行器，需由信号转换电路将微处理器的控制指令转换为相应的控制脉冲，再经驱动电路控制执行器工作。

> 维修图解

执行器驱动电路根据执行器电源电压的不同，可分为车载电源供电方式和 ECU 供电方式两种。喷油器、点火线圈、继电器及各种电磁阀等执行器等，这些都是车载电源直接供电的高电压驱动电路，控制电路端子连接电子控制器。

在输出电路中，一般采用大功率三极管控制执行器电路的搭铁回路，微型计算机输出的信号控制该晶体管导通和截止。如在控制喷油器的输出电路中，大功率三极管的导通和截止为喷油器提供具有一定宽度的脉冲驱动信号。喷油器驱动电路见图 1-3。

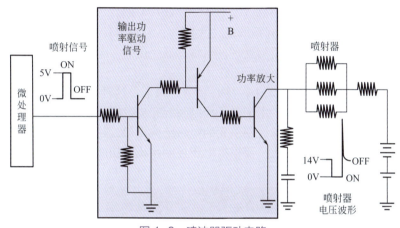

图 1-3　喷油器驱动电路

电子控制系统中的指示灯和警告灯等执行器，由控制器内部电源向执行器提供电流，这些都是电子控制单元提供的 5V 电压供电的低电压驱动电路。

> 四、微控制器

简单地说，微控制器把各种传感器、开关和其他输入装置送来的信号进行运算处理，并把处理结果送至输出电路。

微控制器首先完成传感器信号的 A/D 转换、周期脉冲信号测量和其他有关汽车行驶状态信号的输入处理，然后计算并控制所需的输出值，按要求适时地向执行机构发送控制信号。

> 五、电源电路

ECU 一般带有电池和内置电源电路，以保证微处理器及其接口电路工作在 +5V 的电压下。即使在发动机启动工况等使汽车蓄电池电压有较大波动时，也能提供 +5V 的稳定电压，从而保证系统的正常工作。

如果测量 +5V 供电的传感器有 +5V 电压，则说明控制器内部电源模块正常工作，关键问题出在外部电路。如果没有 +5V 电压，则说明供电电路不正常。

第二节　汽车电子控制系统组成

汽车电子控制系统主要由电子控制单元（包括软件）、传感器和执行器组成。

一、电子控制单元

电子控制单元是汽车电子控制系统的"大脑"，它对各传感器输入的电信号以及部分执行器的反馈电信号进行综合分析与处理，给传感器提供参考电压，然后向执行器输出控制信号，使执行器按控制目标的要求进行工作。

软件集成存储在电子控制单元中，核心是微处理器，这种微处理器通常采用单片机，其功能扩展容易、控制精度更高，用于电子控制系统完成数据采集、计算处理、输出控制、系统监控与自诊断等。大部分电子控制单元的电路结构类似，其控制功能的变化要取决于开发的软件及输入和输出模块的变化，要根据电子控制系统的功能而定。

二、传感器

传感器是汽车电子控制系统的"千里眼"和"顺风耳"，它将汽车工况及状态、汽车行驶工况和状态的各种物理参量转变为电信号，并输送给电子控制单元。汽车电子控制系统所用的各种传感器按其工作原理及输出信号形式的不同，可分为多种类型。例如，脉冲式传感器、电位计类传感器、热敏电阻类传感器、触点开关类传感器等等。

三、执行器

执行器是汽车电子控制系统的"手"和"脚"，电子控制单元通过执行器实现对被控对象的控制。执行器对电子控制单元输出的控制信号作出迅速反应，使被控对象工作在设定的最佳状态。

例如，喷油器，喷油嘴的喷油量由 ECU 决定。ECU 会控制喷油嘴的针阀，决定针阀开启的时间长短（喷射脉冲时间）。喷油量是 ECU 内存中的一个设定值，这个设定值会根据发动机的状况预先设定，这些状况会根据发动机转速和进气量来决定。

第二章 发动机电控系统

第一节 发动机控制单元

一、发动机控制单元概述

发动机控制单元（ECU）也称为发动机控制模块（ECM），或者动力控制模块（PCM），在有些车系中也有厂家特定的缩写（例如，宝马汽油发动机控制单元英文缩写为DME，柴油发动机控制单元缩写为DDE），汽车维修中俗称"发动机电脑"，是一种综合控制电子装置。其功用是储存（在控制单元中有集成的ROM存储器）该车型的特征参数和运算中所需的有关数据信息；给各传感器提供参考电压，接收传感器或其他装置输入的电信号；并对所接收的信号进行存储、计算和分析处理，根据计算和分析的结果向执行器（元件）发出指令使发动机各个控制系统能正常地发挥其控制功能；或根据指令输出自身已储存的信息及自我修正。

二、发动机控制单元工作原理

发动机控制单元的作用是根据发动机的进气量和转速信号，计算出基本喷油持续时间，以接近理想空燃比的混合气供发动机工作，并控制其运转。例如，在冷车启动时，ECM根据有关信号，通过增加喷油量和控制怠速控制阀等执行元件，使发动机顺利启动并控制怠速时的转速。此外，ECM还具有故障自诊断和保护功能，当发动机出现故障时，控制单元可自动诊断故障和保存故障代码，并通过故障指示灯发出警告，所保存的代码在一定的触发条件下还可以输出。一旦传感器或执行器失效时，ECM自动启动其备用系统投入工作，以保证车辆的安全，维持车辆继续行驶的能力。控制单元还可以与维修诊断仪器进行通信，利用诊断仪器可以查看存储于控制单元内部的故障诊断代码，扫描当前控制单元运行的系统参数即数据流，还可以利用诊断仪器对控制系统的执行器进行强制驱动测试，可以在对控制系统进行维修诊断时提供极大的便利。

三、发动机控制单元功能

ECM 在启动时根据发动机的转速、发动机冷却液温度等信号综合计算出喷油时间，在启动后根据进气歧管绝对压力传感器确定基本喷油量。在确定基本喷油量之后，根据发动机工况的不同可进行以下修正。

1. 启动加浓

启动工况是指发动机转速低于规定值，点火开关位于启动挡。特别是在低温时，为改善启动性能，应适当增加喷油时间，加浓可燃混合气。

2. 启动后加浓

发动机刚启动后，为保持其稳定运转，ECM 根据发动机冷却液温度，适当地增加喷油量。

3. 暖机加浓

发动机温度低时，汽油蒸发性能差，应供给较浓的混合气。ECM 可根据发动机冷却液温度传感器、发动机转速和节气门位置传感器等信号，加浓混合气。

4. 大负荷加浓

发动机在输出最大功率时，为保证其良好地工作，ECM 根据节气门位置、发动机转速、空气流量、发动机冷却液温度等的信号，增加喷油持续时间，加浓量可达正常喷油量的 8%～30%。

5. 加速加浓

发动机在加速时，为使其具备良好的动力性，需要适当加浓。ECM 可根据进气量、发动机转速、车速、节气门位置（变化率）、发动机冷却液温度传感器信号，增加喷油量。

6. 进气温度修正

由于空气的密度随温度的变化而变化，因此为了保持较为准确的空燃比，ECM 以 20℃时的空气密度为标准，根据实测的进气温度信号，修正喷油量，温度低时增加喷油量，温度高时减少喷油量。其最大幅度约为 10%。

7. 怠速稳定性修正

发动机控制系统中，当进气歧管压力上升时，怠速便下降，ECM 根据节气门位置、发动机转速、进气歧管绝对压力传感器信号，增加喷油量，提高怠速转速。反之，减少喷油量，使转速降低。

8. 空燃比反馈修正

ECM 根据氧传感器的信号修正喷油量。但在发动机启动、启动后加浓、大负荷、发动机冷却液温度低于规定温度和断油工况时，ECM 不进行闭环控制。

9. 电压修正

电源电压对喷油量有影响。电压低，会使实际的喷油持续时间比正常的短，混合气变稀，为此也需要进行修正。ECM 根据电压的高低自动修正喷油量。电源电压信号主要来自蓄电池。

10. 故障自诊断与失效保护功能

为了及时地发现发动机电控汽油喷射系统故障，并在故障发生时保持汽车最基本的行驶能力，以便进厂维修，ECM 具有故障自诊断和失效保护功能。在 ECM 内设有专门的自诊断电路，当发动机运转时，ECM 不断地监测各个部分的工作情况。

一旦发现异常情况，便将故障信号存储在存储器内，并以代码方式显示出来。为防止因传感器的故障而导致汽车不能行驶，在传感器出现故障时，ECM 能立即采用预先存储的故障传感器信号的正常值来继续控制发动机的运转。对于执行器，为了防止因其故障影响安全，ECM 能立即采取相应的措施以保证发动机的安全。这时，控制单元就会发出警告信号，并向执行系统发出停止喷油指令。

此外，在 ECM 内还备有应急回路。当应急回路收到监控回路发出的异常信号时，便立即启用备用的简单控制程序，使发动机各种工况的喷油量和点火时刻均按照原设定程序进行控制，从而使汽车能保持基本的行驶能力。

四、发动机控制单元内部元件

各种车型的发动机控制单元内的元件不同，下述为奥迪 A6 1.8L 发动机举例说明，见图 2-1。

1. 中央处理器（CPU）

中央处理器（CPU）根据发动机控制程序对原始采集来的数据进行逻辑计算、分析，对执行器发出指令，负责控制整个汽车电脑的工作。

2. S+M 片式磁珠

片式磁珠由软磁铁氧体材料组成，构成高体积电阻率的独石结构。磁珠专用于抑制信号线、电源线上的高频噪声和尖峰干扰，还具有吸收静电脉冲的能力。磁珠用来吸收超高频信号，像一些 RF 电路、PLL、振荡电路、含超高频存储器的电路都需要在电源输入部分加磁珠。

3. 活性炭罐驱动器

活性炭罐驱动器接收中央处理器（CPU）的指令，在合适时刻开启活性炭罐电磁阀。

图 2-1 发动机控制单元内部结构和元件（参见附录彩图）
1—燃油信号处理模块；2—节气门控制信号模块；3—中央处理器；4—喷油控制驱动器；
5—活性炭罐驱动器；6—氧传感器驱动器；7—S+M 片式磁珠

4. 氧传感器驱动器

发动机启动后，使氧传感器驱动器快速加热，从而保证氧传感器的正常工作温度，使其快速进入监测工作状态。

5. 爆燃信号处理模块

爆燃信号处理模块负责将爆燃传感器检测到的爆燃信号转化成 ECU 能够识别的数字信号，即模/数（A/D）转换。如果该芯片损坏，则发动机无法控制爆燃现象，导致发动机产生尖锐的敲缸声，并损坏曲柄连杆机构。

6. 点火信号模块

ECU 根据发动机运行工况计算准确点火时间，CPU 输出点火信号，经该模块放大处理后，由 ECU 相关四个端子分别输出 1、4、3、2 缸点火信号到点火器，控制发动机的点火。如果点火信号模块损坏，会导致发动机点火故障。

7. CAN 收发器

CAN 收发器具有接收和发送的功能。它将 CAN 控制器传来的数据转化成为电信号并将其送入数据传输线，同样也为 CAN 控制器接收和转化数据。CAN 收发器将接收和发送功能分离开来，从而使一根导线，确切地说是一对导线上能同时传送两个信号。

8. 喷油控制驱动器

CPU 根据发动机负荷、转速两大主要因素及冷却液温度、蓄电池电压等其他修正信息计算出喷油量大小及喷油始点。喷油控制器就是根据 CPU 这一命令在正确时刻驱动喷油器工作，控制喷油时间即喷油量大小。如果该驱动器损坏，可引起发动机喷油不正常或不喷油故障。

9. 节气门控制信号模块

节气门控制信号模块根据 CPU 的指令控制节气门定位电动机的转动，从而控制怠速时的节气门开度。

当 ECU 检测到怠速触点闭合时，怠速电动机能自动调节节气门开度，保持发动机稳定的怠速转速；且当油门踏板迅速收回时，怠速电动机能将节气门平顺回落，起到了缓冲作用。

五、发动机控制单元替换原则

ECM 模块最高设计运行温度为 100℃。ECM 有一个由三个连接器组装而成的主连接器。ECM 采用一个电可擦可编程只读存储器（EEPROM），这使得 ECM 能够进行车外配置，并保证 ECM 能够用任何新信息进行更新，同时允许 ECM 能够以市场参数配置。在配置更新 ECM 时，必须使用故障诊断仪。

在车辆生产过程中，ECM 接收并存储车辆特定安全代码。除非与带有相同编码的 GIM 相连接，否则 ECM 是不会发挥作用的。如果在维修服务中更换一个 ECM，新的模块在记录上是完全"空白"的，必须使用诊断仪进行编程。新的模块必须要从 GIM 中获取安全密码。

六、锁止和防盗

ECM 通过曲轴位置（CKP）传感器及凸轮轴位置（CMP）传感器，记忆当发动机停止时的曲轴及凸轮轴位置。这样，在启动过程中，可直接进行顺序燃油喷射及点火正时。但如果蓄电池电源切断或蓄电池电压过低（即蓄电池亏电）时，该信息会丢失，所以在蓄电池充电或重新连接后的第一次启动时，该功能将不能使用。在这种状态下，发动机启动可能会延迟一个极短的时间，以便能读出 CMP 传感器信息，并完成同步。

七、连接器端子和针脚

ECM 有多种安装在发动机上的传感器，以便其能监测发动机状况。通过将来自传感器的信号与存储在其存储器内的数据进行比较后，ECM 将处理信号，并调整相关的驱动器，以保持最适宜的驾驶性能。图 2-2、图 2-3 和表 2-1 为某车型的发动机控制单元端子/针脚使用情况图表。

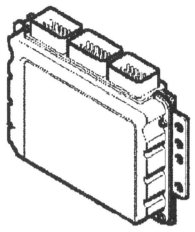

图 2-2 发动机控制单元

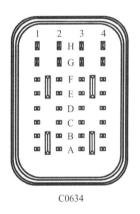

C0634

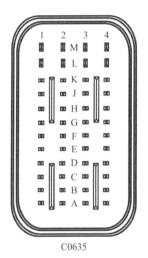

C0635

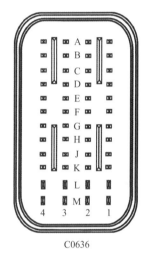

C0636

图 2-3 控制单元端子/针脚

表 2-1 连接器端子/针脚

端子/针脚号	说明
C0634	
A1	空调压力
B1	未使用
C1	未使用
D1	前热氧传感器 2（2.5L）
E1	发电机负荷
F1	未使用
G1	1 缸点火输出（2.5L）
H1	6 缸点火输出（2.5L）1，4 缸点火输出（1.8T）

续表

端子/针脚号	说明
A2	动力转向压力传感器
B2	发动机冷却液温度传感器
C2	未连接针脚
D2	后热氧传感器1
E2	前热氧传感器2
F2	未使用
G2	前热氧传感器加热器2（2.5L）
H2	2缸点火输出（2.5L）
A3	巡航主开关（2.5L）
B3	未使用
C3	未使用
D3	前热氧传感器2接地（2.5L）
E3	未连接
F3	可变进气歧管平衡阀继电器（2.5L）
G3	炭罐控制阀
H3	5缸点火输出（2.5L）2，3缸点火输出（1.8T）
A4	动力转向压力传感器接地
B4	空调压力传感器接地
C4	冷却液温度传感器接地
D4	后热氧传感器1接地
E4	前热氧传感器1接地
F4	可变进气歧管功率阀继电器（2.5L）
G4	3缸点火输出（2.5L）
H4	4缸点火输出（2.5L）

C0635

A1	冷却风扇继电器2
B1	未使用
C1	加速踏板位置传感器1
D1	霍尔效应主制动开关
E1	霍尔效应安全制动开关
F1	巡航控制开关（2.5L）

续表

端子/针脚号	说明
G1	CAN 连接
H1	未连接
J1	Siemens VDO 使用
K1	未使用
L1	电源 - 蓄电池后
M1	电源接地 3
A2	燃油泵继电器
B2	未使用
C2	加速踏板位置传感器 1 接地
D2	加速踏板位置传感器 2
E2	巡航设置 + 开关（2.5L）
F2	未使用
G2	CAN 连接
H2	变速器诊断线
J2	巡航主开关（2.5L）
K2	未使用
L2	未连接
M2	电源接地 1
A3	冷却风扇继电器 1
B3	未使用
C3	巡航指示灯（2.5L）
D3	加速踏板位置传感器 2 接地
E3	未使用
F3	未使用
G3	离合器开关
H3	未使用
J3	未使用
K3	未连接
L3	未连接
M3	电源 - 主继电器后
A4	主电源继电器

续表

端子/针脚号	说明
B4	未使用
C4	供电-加速踏板位置传感器1
D4	供电-加速踏板位置传感器2
E4	未使用
F4	未使用
G4	未使用
H4	接地
J4	电源-转动钥匙后
K4	未连接
L4	电源接地4
M4	电源接地2
C0636	
A1	未使用
B1	进气温度和绝对压力传感器2供电（1.8T）
C1	MAP供电，动力转向传感器
D1	环境压力传感器电源1
E1	电子节气门传感器电源2
F1	爆震传感器12屏蔽
G1	爆震传感器2接地（2.5L）
H1	凸轮轴位置传感器1接地
J1	未使用
K1	未使用
L1	3缸喷油器阀输出
M1	电子节气门输出
A2	未使用
B2	进气温度和绝对压力传感器1接地
C2	进气温度和绝对压力传感器2接地（1.8T）
D2	未使用
E2	未使用
F2	节气门位置传感器2接地

续表

端子/针脚号	说明
G2	爆震传感器2（2.5L）
H2	曲轴位置传感器
J2	曲轴位置传感器接地
K2	2缸喷油器阀输出
L2	4缸喷油器阀输出
M2	电子节气门输出
A3	未使用
B3	未使用
C3	进气温度和绝对压力传感器1
D3	进气温度
E3	可变进气歧管平衡阀反馈信号（2.5L）
F3	节气门位置传感器2
G3	爆震传感器1接地
H3	未使用
J3	未使用
K3	空调继电器
L3	6缸喷油器阀输出
M3	前热氧传感输出1
A4	未使用
B4	未使用
C4	进气温度和绝对压力传感器2（1.8T）
D4	未使用
E4	可变进气歧管平衡阀反馈信号（2.5L）
F4	节气门位置传感器1
G4	爆震传感器1
H4	凸轮轴位置传感器1（霍尔效应）
J4	1缸喷油器阀输出
K4	未使用
L4	5缸喷油器阀输出
M4	后热氧传感器输出1

八、发动机控制系统故障

1. 发动机不着车故障原因

如果发动机控制单元正常,但车辆不能正常启动的话,则主要的原因在于以下几个方面。

(1)防盗故障,锁死。
(2)燃油供给故障。燃油泵及控制电路故障;燃油压力调节器故障。
(3)线路系统故障。转速信号系统相关故障。
(4)喷油量大淹灭火花塞。
(5)点火线圈和火花塞故障。
(6)发动机控制单元内 CPU 点火程序出现问题。

2. 有油有火时启动不着车故障原因

(1)重点检查点火正时。
(2)火花塞弱火。
(3)点火线圈烧坏。

3. 有火无油时点不着火故障原因

(1)控制电路故障或喷油器供电故障(包括继电器、熔丝)。
(2)发动机控制单元故障,具体就是发动机控制单元内喷油模块损坏。
(3)发动机控制单元故障,具体就是控制单元内集成的驱动油泵继电器模块损坏。
(4)发动机控制单元内 CPU 喷油程序损坏或丢失。
(5)喷油器本身故障或燃油泵烧故障。

4. 发动机热车不易启动

(1)点火线圈过热后漏电量增大,造成高压火弱难启动。
(2)发动机控制单元内部点火模块的问题。温度高时放大倍数降低,高压火弱难启动。
(3)发动机控制单元内部 CPU 的问题。温度高时 CPU 电流增大,造成喷油或点火不正常。
(4)发动机控制单元外部进气温度传感器或者冷却液温度传感器失控,CPU 无法找到正确数据,造成冷车易启动、热车不易启动。
(5)冷车时汽油压力正常,热车时汽油压力不正常,造成难启动。

5. 热车易启动、冷车不易启动

(1)冷车时喷油量大,造成点不着火(俗称淹咀子)。
(2)油压不够,喷油量小,造成点不着火。
(3)发动机控制单元内部集成的 CPU 问题导致。

6. 发动机启动后怠速忽高忽低

（1）发动机控制单元故障，具体原因是其内部 RAM 程序错乱。
（2）节气门故障及相关线路故障。
（3）发动机控制单元故障，具体原因是内部怠速电动机控制模块损坏。
（4）相关线路断开或者怠速电动机损坏。

7. 启动后怠速高

（1）节气门故障。
（2）相关线路断开或者怠速电动机故障。
（3）发动机控制单元故障，具体原因可能是其内置的怠速电动机控制模块故障。
（4）废气再循环减压阀漏气，或相关进气系统漏气。

九、发动机控制单元本身故障

以下是在排除其他原因之后，发动机控制单元所导致的汽车故障。
（1）发动机控制单元内部程序丢失会导致发动机怠速不正常（或高或低或不稳）。
（2）发动机控制单元内部程序有问题会导致发动机一启动车就熄火。
（3）发动机控制单元内部的 CPU 点火程序消失，会导致无高压火，但喷油正常。
（4）发动机控制单元故障，具体是控制单元内部的喷油模块损坏，会导致喷油器无搭铁信号。
（5）发动机控制单元故障会导致换挡时熄火，或发动机不能启动。
（6）发动机控制单元程序错误，会导致汽车油耗增加。
（7）电脑板内部程序问题或者电脑板内部硬件问题。
（8）发动机控制单元故障，具体是其内部相关控制模块损坏，会导致油泵不工作、车辆冷却液温度高、风扇不转、不喷油等问题。
（9）电脑板内部程序损坏，会导致汽车钥匙不起作用。
（10）发动机控制单元锁死，会导致给发动机控制单元供电线路断开；执行检查时故障诊断仪不能进入。
（11）发动机控制单元受到敲击、水淹，发电机电压超过 15V 以上都会导致发动机控制单元损坏。
（12）更换发动机控制单元后不能启动车辆。
如果更换发动机控制单元后，汽车不能启动，则可能存在以下两个主要原因。
（1）发动机控制单元型号不对。
（2）发动机控制单元没有匹配成功。

十、典型的发动机控制单元

1. 概述

在宝马车系中，发动机控制单元称为数字式发动机电子伺控系统（DME）。

宝马发动机控制单元（DME）安装在发动机室内的一个电控箱（E-Box）中。由于要求发动机控制提供的计算功率高，DME 控制单元的温度会升高。在电控箱中会由于控制单元的损耗功率以及发动机室的加热而产生高温。因为控制单元只能在限定的温度范围内运行，所以需要冷却装置。

冷却方案取决于安装的发动机。

（1）6 缸汽油发动机（例如带 MSV90 的 N52TU 或带 MSD87 的 N53、N54） DME 控制单元采用风冷。通过一个专用电控箱风扇抽吸电控箱中的空气。

（2）8 缸汽油发动机（例如带 MSD85 的 N63） DME 控制单元采用液冷。DME 控制单元连接在冷却循环上。

（3）12 缸汽油发动机（例如带 MSD87 的 N74） 由于计算功率高，12 缸发动机具备两个 DME 控制单元（DME 主控制单元和 DME 从控单元）。这两个 DME 控制单元采用液冷。

2. 功能说明

数字式发动机电子伺控系统（DME）是发动机控制装置的计算中心和开关中心。发动机上和车辆上的传感器提供输入信号。根据这些输入信号和 DME 控制单元中通过一个计算模型确定的标准值以及存储的特性线，计算出控制执行器所需的信号。DME 控制单元直接或通过继电器控制执行器。

便捷进入及启动系统（CAS）通过唤醒导线（总线端 KL.15 唤醒导线）唤醒 DME 控制单元。

在总线端 KL.15 断开后开始滞后运行。在滞后运行过程中存储调校值。DME 控制单元通过一个总线信号发出准备好"休眠"的信息。如果所有参与的控制单元都已发出准备好"休眠"的信息，中央网关模块（ZGM）就输出一个总线信号，并且这些控制单元在 5s 以后结束通信。

在 DME 控制单元的电路板上有两个传感器：温度传感器和环境压力传感器。温度传感器用于 DME 控制单元中的部件的温度监控，计算混合气成分时需要使用环境压力传感器。

3. 一辆汽车配置两个发动机控制单元

在 12 缸汽油发动机（也针对 N63TU）中有两个发动机控制单元。

每个气缸侧使用一个 DME 控制单元。这两个控制单元在构造上是相同的，并且具有相同的编程状态。但是通过线脚编码将这两个控制单元划分为 DME 主控单元和 DME 从控单元（DME- 和 DME2 控制单元）。这两个控制单元相互间通过 FlexRay 进行通信。

主控单元（气缸侧 1～6）从发动机上唯一存在的传感器（例如加速踏板模块、机油状态传感器、发动机机油压力开关、水箱出口处的冷却液温度传感器）接收输入信号。DME 主控单元通过 FlexRay 将这些输入信号转发至 DME 从控单元。所有其他输入信号都直接传递至负责相应气缸侧的控制单元。曲轴位置传感器的信号同时发送到两个控制单元。

不只与一个气缸侧有关的输出信号（例如电动燃油泵或废气风门）由主控单元发送至相应的作动器。

在两个控制单元都从 FlexRay 读取信息和进行处理时，只有主控单元主动与其他控制单元进行主动通信，例如与 EGS 控制单元（EGS 表示"电子变速箱控制系统"）。

如果 DME2 控制单元（DME 从控单元）失灵，能够通过 DME 控制单元进入发动机紧急运行。

如果 DME 控制单元（DME 主控单元）失灵，不能够通过 DME 控制单元进入发动机紧急运行。

发动机控制单元见图2-4～图2-6。

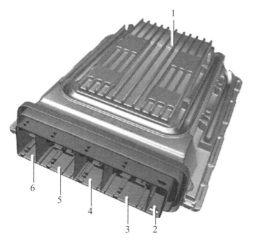

图2-4 发动机控制单元（一）

1—DME控制单元（风冷）（显示MSD87）；2—8芯插头插接室；3—59芯插头插接室；4—40芯插头插接室；5—54芯插头插接室；6—20芯插头插接室

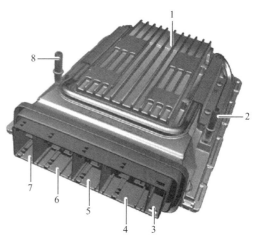

图2-5 发动机控制单元（二）

1—DME控制单元（液冷）（显示MSD85）；2—冷却循环上的接口；3—8芯插头插接室；4—59芯插头插接室；5—40芯插头插接室；6—54芯插头插接室；7—20芯插头插接室；8—冷却循环上的接口

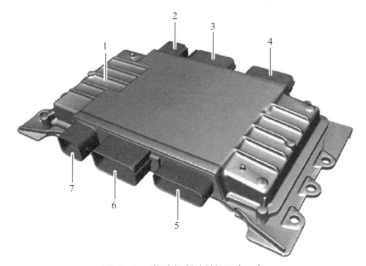

图2-6 发动机控制单元（三）

1—DME控制单元（风冷）（显示MSV90）；2—12芯插头插接室；3—58芯插头插接室；4—48芯插头插接室；5—24芯插头插接室；6—58芯插头插接室；7—11芯插头插接室

4. 内部电路

（1）6缸和8缸汽油发动机的DME控制单元（非N63TU）内部电路见图2-7。

DME控制单元连接在车载网络上。

DME控制单元是FlexRay、PT-CAN、PT-CAN2、LIN总线和车身总线上的总线用户。

DME控制单元通过LIN总线与智能型蓄电池传感器和主动式空气风门控制装置连接。

DME控制单元通过串行数据接口（BSD）与发电机和机油状态传感器连接。对于6缸汽油发动机，在串行数据接口上还连接有电动冷却液泵。

车身总线用于从 DME 向 CAS（便捷进入及启动系统）传送车辆启动的许可信号。

后部配电器通过总线端 KL.30B 为 DME 控制单元供电。总线端 KL.30B 由 CAS 控制。

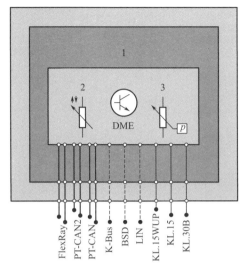

图 2-7　内部电路（参见附录彩图）

1—数字式发动机电子伺控系统（DME）；2—环境温度传感器；3—环境压力传感器

（2）12缸汽油发动机的DME控制单元（DME主控单元和DME从控单元）内部电路见图2-8。

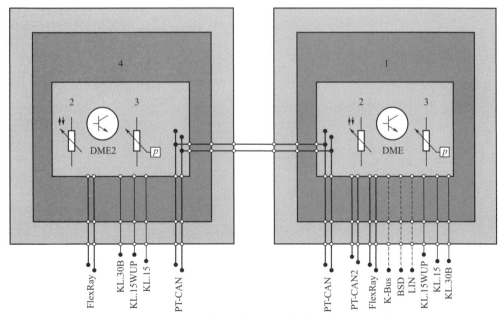

图 2-8　内部电路（两个控制单元）（参见附录彩图）

1—数字式发动机电子伺控系统（DME 主控单元）；2—环境温度传感器；3—环境压力传感器；4—数字式发动机电子伺控系统 2（DME 从控单元）

每个 DME 控制单元都通过一个具有 5 个插头插接室的插头连接在车载网络上。

DME 控制单元（主控制单元）是 FlexRay、PT-CAN、PT-CAN2、车身总线和 LIN 总线上的总线用户。

DME2 控制单元是 FlexRay、PT-CAN 和 K 总线上的总线用户。

DME 控制单元通过 LIN 总线与智能型蓄电池传感器连接。

后部配电器通过总线端 KL.30B 为 DME 控制单元和 DME2 控制单元供电。总线端 KL.30B 由 CAS 控制。

5. 标准参数

表 2-2 为发动机控制单元参数。

表 2-2 发动机控制单元参数

说明/物理量	参数
供电电压	9～16V
插头触点的最大加热	125℃
温度范围	-40～85℃

6. 失效影响

与 DME 控制单元的通信失灵时，进行标准检测（整体检测过程）。存在某个控制单元内部故障时，预计出现以下情况。

（1）DME 控制单元内出现故障记录。

（2）组合仪表中的报警灯和指示灯亮起。

（3）组合仪表上出现检查控制信息。

7. 连接器和端子说明

连接器和端子说明见图 2-9 和表 2-3～表 2-9。

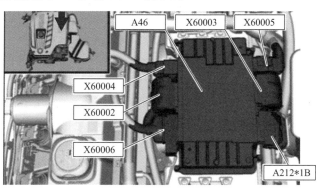

图 2-9 发动机控制单元的连接器和端子

表 2-3 发动机控制单元上的连接器

号码（连接器）	X-针，颜色	名称/说明
A212*1B	48-针，黑色	部件插头数字式发动机电子伺控系统

续表

号码（连接器）	×-针，颜色	名称/说明
X60002	58-针，黑色	部件插头数字式发动机电子伺控系统
X60003	58-针，黑色	部件插头数字式发动机电子伺控系统
X60004	11-针，黑色	部件插头数字式发动机电子伺控系统
X60005	12-针，黑色	部件插头数字式发动机电子伺控系统
X60006	24-针，黑色	部件插头数字式发动机电子伺控系统

表 2-4　插头上的线脚布置（A212*1B）

线脚 Pin	类型	名称/信号类型	插座/测量说明
1	A	控制燃油箱泄漏诊断模块	燃油箱泄漏诊断模块
2	A	控制燃油箱泄漏诊断模块	燃油箱泄漏诊断模块
3	A	控制燃油箱泄漏诊断模块	燃油箱泄漏诊断模块
4	—	未被占用	
5	E	电源总线端 KL.15	便捷进入及启动系统
6	A	霍尔传感器电源	加速踏板模块
7	E	霍尔传感器信号	加速踏板模块
8	M	霍尔传感器接地	加速踏板模块
9	—	未被占用	
10	—	未被占用	
11	—	未被占用	
12	—	未被占用	
13	E/A	局域互联网总线信号	总线连接
14	A	控制废气风门电子转换阀	废气风门电子转换阀
15	—	未被占用	
16	—	未被占用	
17	A	控制电动风扇断电继电器	电动风扇断电继电器
18	A	控制电动风扇	电动风扇
19	—	未被占用	
20	A	转速信号	诊断插座
21	E	唤醒信号总线端 KL.15	便捷进入及启动系统
22	—	未被占用	
23	—	未被占用	
24	—	未被占用	

续表

线脚 Pin	类型	名称 / 信号类型	插座 / 测量说明
25	E/A	CAS 子总线	便捷进入及启动系统
26	—	未被占用	
27	—	未被占用	
28	—	未被占用	
29	—	未被占用	
30	—	未被占用	
31	—	未被占用	
32	—	未被占用	
33	—	未被占用	
34	—	未被占用	
35	—	未被占用	
36	A	发动机启动信号	便捷进入及启动系统
37	E	电源总线端 KL.30	接线盒
38	A	霍尔传感器电源	加速踏板模块
39	E	霍尔传感器信号	加速踏板模块
40	M	霍尔传感器接地	加速踏板模块
41	—	未被占用	
42	E/A	FlexRay 总线信号	一体式底盘管理系统
43	E/A	FlexRay 总线信号	一体式底盘管理系统
44	—	未被占用	
45	E/A	PT-CAN 总线信号	驱动系 CAN2 总线连接
46	E/A	PT-CAN 总线信号	驱动系 CAN2 总线连接
47	E/A	PT-CAN 总线信号	PT-CAN 总线连接
48	E/A	PT-CAN 总线信号	PT-CAN 总线连接

表 2-5　插头上的线脚布置（X60002）

线脚 Pin	类型	名称 / 信号类型	插座 / 测量说明
1	—	未被占用	
2	—	未被占用	
3	—	未被占用	
4	—	未被占用	
5	A	供电油箱排气阀	油箱排气阀

续表

线脚 Pin	类型	名称/信号类型	插座/测量说明
6	—	未被占用	
7	—	未被占用	
8	—	未被占用	
9	—	未被占用	
10	—	未被占用	
11	—	未被占用	
12	—	未被占用	
13	—	未被占用	
14	—	未被占用	
15	—	未被占用	
16	—	未被占用	
17	E	信号电动节气门调节器	电动节气门调节器
18	E	信号电动节气门调节器	电动节气门调节器
19	—	未被占用	
20	A	供电 DISA 伺服电动机 1	DISA 伺服电动机 1
21	A	供电 DISA 伺服电动机 2	DISA 伺服电动机 2
22	A	供电曲轴传感器	曲轴传感器
23	A	供电热膜式空气质量计	热膜式空气质量计
24	E	温度传感器信号	热膜式空气质量计
25	—	未被占用	
26	—	未被占用	
27	A	供电进气压力传感器	进气压力传感器
28	—	未被占用	
29	—	未被占用	
30	—	未被占用	
31	A	供电电动节气门调节器	电动节气门调节器
32	M	接地电动节气门调节器	电动节气门调节器
33	—	未被占用	
34	M	接地 DISA 伺服电动机 1	DISA 伺服电动机 1
35	M	接地 DISA 伺服电动机 2	DISA 伺服电动机 2
36	M	接地曲轴传感器	曲轴传感器

续表

线脚 Pin	类型	名称/信号类型	插座/测量说明
37	M	接地热膜式空气质量计	热膜式空气质量计
38	E	信号爆震传感器	爆震传感器
39	E	信号爆震传感器	爆震传感器
40	—	未被占用	
41	M	接地进气压力传感器	进气压力传感器
42	E/A	BSD 总线信号	发电机
43	—	未被占用	
44	—	未被占用	
45	A	控制电动节气门调节器	电动节气门调节器
46	A	控制电动节气门调节器	电动节气门调节器
47	A	控制油箱排气阀	油箱排气阀
48	A	控制 DISA 伺服电动机 1	DISA 伺服电动机 1
49	A	控制 DISA 伺服电动机 2	DISA 伺服电动机 2
50	E	信号曲轴传感器	曲轴传感器
51	E	信号热膜式空气质量计	热膜式空气质量计
52	E	信号爆震传感器	爆震传感器
53	E	信号爆震传感器	爆震传感器
54	—	未被占用	
55	E	信号进气压力传感器	进气压力传感器
56	—	未被占用	
57	—	未被占用	
58	—	未被占用	

表 2-6　插头上的线脚布置（X60003）

线脚 Pin	类型	名称/信号类型	插座/测量说明
1	E	信号废气催化转换器前氧传感器	废气催化转换器前氧传感器
2	E	信号废气催化转换器前氧传感器 2	废气催化转换器前氧传感器 2
3	—	未被占用	
4	—	未被占用	
5	—	未被占用	
6	E	信号废气催化转换器前氧传感器	废气催化转换器前氧传感器
7	E	信号废气催化转换器前氧传感器 2	废气催化转换器前氧传感器 2

续表

线脚 Pin	类型	名称/信号类型	插座/测量说明
8	—	未被占用	
9	—	未被占用	
10	A	供电辅助冷却液泵	辅助冷却液泵
11	—	未被占用	
12	M	接地机油状态传感器	机油状态传感器
13	A	供电机油状态传感器	机油状态传感器
14	A	供电 VANOS 排气电磁阀	VANOS 排气电磁阀
15	A	供电废气催化转换器前氧传感器 2	废气催化转换器前氧传感器 2
16	A	供电废气催化转换器前氧传感器	废气催化转换器前氧传感器
17	—	未被占用	
18	—	未被占用	
19	—	未被占用	
20	M	接地废气催化转换器前氧传感器	废气催化转换器前氧传感器
21	M	接地废气催化转换器前氧传感器 2	废气催化转换器前氧传感器 2
22	E	温度传感器信号	冷却液温度传感器
23	M	接地冷却液温度传感器	冷却液温度传感器
24	E	信号进气凸轮轴传感器	进气凸轮轴传感器
25	M	接地进气凸轮轴传感器	进气凸轮轴传感器
26	—	未被占用	
27	A	供电机油压力调节阀	机油压力调节阀
28	A	供电 VANOS 进气电磁阀	VANOS 进气电磁阀
29	A	供电废气催化转换器后氧传感器 2	废气催化转换器后氧传感器 2
30	A	供电废气催化转换器后氧传感器	废气催化转换器后氧传感器
31	E	信号废气催化转换器后氧传感器 2	废气催化转换器后氧传感器 2
32	M	接地废气催化转换器后氧传感器	废气催化转换器后氧传感器
33	M	接地废气催化转换器后氧传感器 2	废气催化转换器后氧传感器 2
34	E	信号废气催化转换器前氧传感器	废气催化转换器前氧传感器
35	E	信号废气催化转换器前氧传感器 2	废气催化转换器前氧传感器 2
36	E/A	BSD 总线信号	机油状态传感器
37	E/A	BSD 总线信号	辅助冷却液泵
38	A	供电发动机油压传感器	发动机油压传感器

续表

线脚 Pin	类型	名称/信号类型	插座/测量说明
39	A	供电进气凸轮轴传感器	进气凸轮轴传感器
40	A	供电排气凸轮轴传感器	排气凸轮轴传感器
41	A	控制机油压力调节阀	机油压力调节阀
42	A	控制VANOS进气电磁阀	VANOS进气电磁阀
43	A	供电特性线节温器	特性线节温器
44	A	供电发动机通风加热装置1	发动机通风加热装置1
45	E	信号废气催化转换器后氧传感器	废气催化转换器后氧传感器
46	E	信号废气催化转换器后氧传感器	废气催化转换器后氧传感器
47	E	信号废气催化转换器后氧传感器2	废气催化转换器后氧传感器2
48	E	信号废气催化转换器前氧传感器	废气催化转换器前氧传感器
49	E	信号废气催化转换器前氧传感器2	废气催化转换器前氧传感器2
50	—	未被占用	
51	—	未被占用	
52	E	信号发动机油压传感器	发动机油压传感器
53	M	接地发动机油压传感器	发动机油压传感器
54	E	信号排气凸轮轴传感器	排气凸轮轴传感器
55	M	接地排气凸轮轴传感器	排气凸轮轴传感器
56	A	控制VANOS排气电磁阀	VANOS排气电磁阀
57	A	控制特性线节温器	特性线节温器
58	—	未被占用	

表2-7 插头上的线脚布置（X60004）

线脚 Pin	类型	名称/信号类型	插座/测量说明
1	A	控制可调式气门机构伺服电动机	可调式气门机构伺服电动机
2	—	未被占用	
3	A	控制可调式气门机构伺服电动机	可调式气门机构伺服电动机
4	A	供电电子气门控制系统位置传感器	电子气门控制系统位置传感器
5	M	接地电子气门控制系统位置传感器	电子气门控制系统位置传感器
6	E	信号电子气门控制系统位置传感器	电子气门控制系统位置传感器
7	M	屏蔽	电子气门控制系统位置传感器
8	E	信号电子气门控制系统位置传感器	电子气门控制系统位置传感器
9	E	信号电子气门控制系统位置传感器	电子气门控制系统位置传感器
10	E	信号电子气门控制系统位置传感器	电子气门控制系统位置传感器
11	E	信号电子气门控制系统位置传感器	电子气门控制系统位置传感器

表 2-8 插头上的线脚布置（X60005）

线脚 Pin	类型	名称 / 信号类型	插座 / 测量说明
1	E	电源总线端 KL.15	集成供电模块
2	E	电源总线端 KL.15	集成供电模块
3	E	电源总线端 KL.15	集成供电模块
4	A	控制点火开关和喷射装置过载保护继电器	集成供电模块
5	A	控制电子气门控制系统继电器	集成供电模块
6	M	接地	接地点
7	M	接地	接地点
8	M	接地	接地点
9	M	接地	接地点
10	E	供电电子气门控制系统	集成供电模块
11	E	供电喷油嘴	集成供电模块
12	E	供电点火开关	集成供电模块

表 2-9 插头上的线脚布置（X60006）

线脚 Pin	类型	名称 / 信号类型	插座 / 测量说明
1	A	控制气缸 1 喷油嘴	气缸 1 喷油嘴
2	A	控制气缸 5 喷油嘴	气缸 5 喷油嘴
3	A	控制气缸 3 喷油嘴	气缸 3 喷油嘴
4	A	控制气缸 6 喷油嘴	气缸 6 喷油嘴
5	A	控制气缸 2 喷油嘴	气缸 2 喷油嘴
6	A	控制气缸 4 喷油嘴	气缸 4 喷油嘴
7	A	控制气缸 4 点火线圈	气缸 4 点火线圈
8	A	控制气缸 6 点火线圈	气缸 6 点火线圈
9	A	控制气缸 5 点火线圈	气缸 5 点火线圈
10	A	控制气缸 2 点火线圈	气缸 2 点火线圈
11	A	控制气缸 3 点火线圈	气缸 3 点火线圈
12	A	控制气缸 1 点火线圈	气缸 1 点火线圈
13	A	供电气缸 1 喷油嘴	气缸 1 喷油嘴
14	A	供电气缸 2 喷油嘴	气缸 2 喷油嘴
15	A	供电气缸 3 喷油嘴	气缸 3 喷油嘴
16	A	供电气缸 4 喷油嘴	气缸 4 喷油嘴
17	A	供电气缸 5 喷油嘴	气缸 5 喷油嘴

续表

线脚 Pin	类型	名称/信号类型	插座/测量说明
18	A	供电气缸 6 喷油嘴	气缸 6 喷油嘴
19	A	供电气缸 6 点火线圈	气缸 6 点火线圈
20	A	供电气缸 4 点火线圈	气缸 4 点火线圈
21	A	供电气缸 2 点火线圈	气缸 2 点火线圈
22	A	供电气缸 5 点火线圈	气缸 5 点火线圈
23	A	供电气缸 3 点火线圈	气缸 3 点火线圈
24	A	供电气缸 1 点火线圈	气缸 1 点火线圈

第二节　发动机系统执行器

一、喷油器诊断

1. 燃油高压系统

汽油发动机通过直接喷射工作，直接喷射用于提高功率，这时燃油压力最高达 200bar（怠速 50bar，满负荷 200bar，$1bar=10^5Pa$）。使用直接喷射系统，可在整个燃烧室内实现均匀的混合气形成。均匀的混合气形成意味着，可像进气管喷射装置一样按化学计算（空气过量系数 =1）调节空燃比。通过均匀的混合气形成可以使用常规排气再处理。每个气缸各自的全顺序喷射装置具有下列优点。

（1）每个气缸的最佳混合气制备。

（2）喷射时间与发动机运行状态（发动机转速、负荷和温度）匹配。

（3）在交变负荷时有选择地修正各个气缸的燃油喷射（在一个进气行程期间可以通过追加燃油喷射、延长或缩短来校正喷射时间）。

（4）能够有选择地关闭气缸（例如在点火线圈损坏时）。

（5）能够诊断每个喷射阀。

2. 部件说明

将描述燃油高压系统的下列部件：带流量调节阀的高压泵；油轨压力传感器；电磁阀式喷油嘴。

（1）带流量调节阀的高压泵　高压泵是带有柱塞并具有提升燃油压力和向油轨输送燃油功能的燃油泵。它用螺栓拧紧在真空泵的后端上，其驱动轴与正时链驱动的真空泵驱动轴相连。

流量调节阀固定在高压泵上。流量调节阀是一个脉冲宽度调制控制的阀门。在激活流量调节时，PCM 用不同的脉冲负载参数控制流量调节阀，从而设置 PCM 计算出的油轨标准压力。

高压泵在油轨中不断产生系统压力。为调节必要的油轨压力使用两个阀门：流量调节阀和油轨压力调节阀。

正确的油轨压力可根据情况利用下列三种可用的调节方式之一来调整。

① 通过流量调节阀调节油量　流量调节阀只允许由低压侧流入一定的燃油，这足以产生所需的油轨压力，这时不把高压泵中的气缸用燃油完全注满。电流越高，油轨压力越小。油轨压力调节阀通强电，致使油轨压力调节阀保持关闭。

② 通过油轨压力调节阀进行压力调节（例如在滑行阶段）　高压泵不断向油轨中输送高压燃油。油轨压力调节阀控制过多输送到油轨中的燃油量进入燃油低压系统。电流越高，油轨压力越小。此时流量调节阀已关闭。

③ 通过油轨压力调节阀和流量调节阀同时进行组合调节　在喷油量很少且小于约 4mg 时（怠速时），油轨压力调节阀必须略微减少燃油高压系统中的燃油。原因是高压泵不具有零供油能力。这意味着，高压泵即使在流量调节阀关闭时也向燃油高压系统中输送燃油，从而导致油轨压力过高，并因此导致调节偏差。通过持续切换"流量调节"和"压力调节"调节方式避免过高的油轨压力。

在下列情况时调节激活。

① 在发动机启动时，全面输送。

② 发动机运转时，根据负荷变化在三种调节方式之间切换。

高压泵见图 2-10。

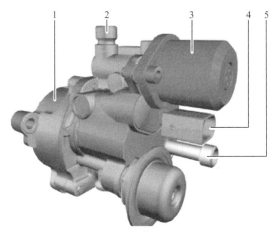

图 2-10　高压泵（参见附录彩图）

1—高压泵；2—通往油轨的高压管路的接头；3—量控阀；
4—2 芯插头；5—来自燃油泵的低压管路的接头

根据负荷变化通过三种调节方式调整油轨压力。这样，高压泵准确输送发动机所需的燃油量，于是可降低高压泵的功率并降低发动机油耗。

（2）油轨压力传感器　油轨压力传感器见图 2-11。

油轨压力传感器旋入燃油分配器（油轨）的末端。

此传感器向 PCM 提供高压泵后的燃油压力。

油轨压力传感器用于油轨压力控制。油轨压力传感器的信号是 PCM 的一个重要输入信号，用于控制量控阀。量控阀是高压泵的一个部件。

使用应变仪探测油轨压力。施加压力时，传感器中装有应变仪的膜片会发生变形。应变仪的电阻变化将通过一个测量电桥，以电子方式进行记录并分析。然后，电压测量结果将作为实际值输入到油轨压力控制中。

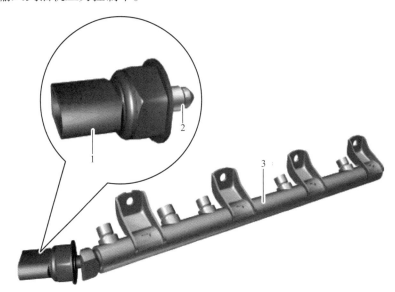

图 2-11　油轨压力传感器（参见附录彩图）
1—3 芯插头；2—油轨压力传感器；3—燃油分配器（轨道）

油轨压力信息通过一条信号线传送到 PCM。油轨压力的有效信号根据压力变化而波动。测量范围 0.5～4.5V，对应于从 0～25MPa（0～250bar）的油轨压力，见图 2-12。

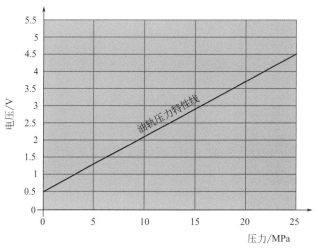

图 2-12　压力和电压

高压调节：量控阀调节从低压侧向高压侧的燃油输入。通过三种调节方式调整所需的油轨压力。

油轨压力传感器或高压泵失灵时，PCM 不再控制量控阀。通过高压泵的集成式旁通阀可在限制的行驶模式下继续驾驶。

（3）电磁阀式喷油嘴（喷油器）

维修图解

电磁阀式喷油嘴将燃油在高压下喷入燃烧室内。电磁阀式喷油嘴是一个向内打开的阀门，喷束分布范围变化性高（角度和形状）。喷嘴孔决定射流直接喷射的形状，可获得均匀分布。

向内打开的电磁阀式喷油嘴即使在燃烧室内压力和温度等因素影响下也能保持分布稳定。高压下（介于 50 ~ 200bar 之间）朝燃烧室内的燃油喷射在进气和压缩冲程中进行。在暖机阶段还发生一个追加燃油喷射，喷射少量燃油以便更快达到废气催化转换器的工作温度（废气催化转换器加热）。在冷机启动时，燃油量分成多个脉冲在压缩冲程中喷射。于是可产生非常可靠的冷机启动，并显著改善有害物质的排放和燃油消耗。图 2-13、图 2-14 为喷油器。

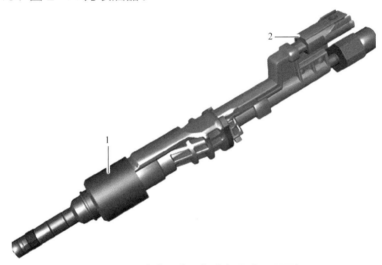

图 2-13　喷油器（一）（参见附录彩图）
1—喷射装置；2—2 芯插头

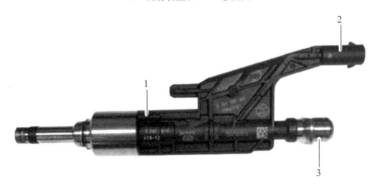

图 2-14　喷油器（二）（参见附录彩图）
1—喷油器；2—电气接头；3—直接连接油轨

按照情况所需的燃油量通过电磁阀式喷油嘴喷射到燃烧室中。这个量可以通过以下两个调节参数影响到。

① 油轨压力。
② 电磁阀式喷油嘴开启时间。
打开时间通过喷射信号控制，通过 PCM 设定开启时间，根据电磁阀式喷油嘴的控制持续时间得出开启行程，通常始终设置为最大行程。

维修图解

电磁阀式喷油嘴由 PCM 在接地侧控制。
如图 2-15 所示，控制分为四个阶段：打开阶段；启动阶段；保持阶段；关闭阶段。

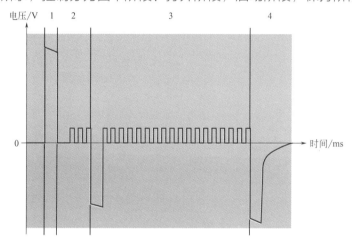

图 2-15 喷油器控制
1—打开阶段；2—启动阶段；3—保持阶段；4—关闭阶段

3. 喷油器故障诊断

喷油器（维修中通常称喷油嘴）的喷油由电磁阀控制，在精密计算喷油量及喷油时间长短后将燃油送入气缸内，能使燃油在各种负载及转速下产生最佳的燃烧。空气温度、压力信号、氧传感器信号输入至 PCM 后，PCM 经过内部运算后输出驱动信号至喷油嘴，使空燃比维持在理想值。喷油嘴是一种小而精密的电磁阀。PCM 供给喷油嘴电路接地信号时，喷油嘴的线圈会通电。通电的线圈会将针阀往回拉，并让燃油流过喷油嘴进入燃烧室内。燃油喷射量依喷射脉冲持续时间而定。脉冲持续时间就是喷油嘴保持开启的时间长度。PCM 会根据发动机对燃油的需求控制喷射脉冲持续时间。喷油器故障码见表 2-10。

表 2-10 喷油器故障码

故障码（DTC）	故障描述 / 故障码解释
P0261	喷油器 1 控制电路电压过低
P0262	喷油器 1 控制电路电压过高
P0264	喷油器 2 控制电路电压过低
P0265	喷油器 2 控制电路电压过高
P0267	喷油器 3 控制电路电压过低

续表

故障码（DTC）	故障描述/故障码解释
P0268	喷油器3控制电路电压过高
P0270	喷油器4控制电路电压过低
P0271	喷油器4控制电路电压过高
P0273	喷油器5控制电路电压过低
P0274	喷油器5控制电路电压过高
P0276	喷油器6控制电路电压过低
P0277	喷油器6控制电路电压过高
P0201	喷油器1控制电路（断路）
P0202	喷油器2控制电路（断路）
P0203	喷油器3控制电路（断路）
P0204	喷油器4控制电路（断路）
P0205	喷油器5控制电路（断路）
P0206	喷油器6控制电路（断路）

故障码P0261分析

（1）故障描述　喷油嘴1控制电路电压过低。

（2）故障原因　可能故障原因：

① 喷油嘴熔丝损坏。

② 喷油嘴线束接头不良。

③ 喷油嘴电路断路。

④ 喷油嘴故障。

（3）故障生成原理　PCM对每个气缸启用相应的喷油器脉冲。喷油器电源电压由蓄电池提供。控制模块通过驱动器的固态装置使控制电路搭铁，以控制各喷油器。控制模块监测各驱动器的状态。如果控制模块检测到对应于驱动器指令状态的电压不正确，则设置一个喷油器控制电路故障诊断码。

（4）故障识别条件　发动机控制模块检测到喷油器高电压控制电路对搭铁短路，并持续2s以上。

在燃油泵继电器正常作动、系统燃油压力维持在300～350kPa、系统供电电压介于11～16V的状态下，如果PCM中喷油嘴驱动晶体管，察觉实际电压值与其喷油嘴作动时机不符合设定标准值时，被设置故障码P0261。

故障码P0262分析

（1）故障描述　喷油嘴1控制电路电压过高。

（2）故障原因　可能故障原因：

① 喷油嘴熔丝损坏。

② 喷油嘴线束接头不良。

③ 喷油嘴电路短路到接地。

④ 喷油嘴故障。

（3）故障生成原理　PCM对每个气缸启用相应的喷油器脉冲。喷油器电源电压由蓄电池提供。控制模块通过驱动器的固态装置使控制电路搭铁，以控制各喷油器。控制模块监测各驱动器的状态。如果控制模块检测到对应于驱动器指令状态的电压不正确，则设置一个喷油器控制电路故障诊断码。

（4）故障识别条件　发动机控制模块检测到喷油器高电压控制电路对电压短路，并持续2s以上。

在燃油泵继电器正常作动、系统燃油压力维持在300～350kPa、系统供电电压介于11～16V的状态下，如果PCM中喷油嘴驱动晶体管，察觉实际电压值与其喷油嘴作动时机不符合设定标准值时，被设置故障码P0262。

故障码P0201分析

（1）故障描述　喷油器1控制电路断路。此诊断监控喷油嘴的电气控制。

（2）故障原因

① 发动机控制单元和喷油嘴1之间的电线束损坏。

② 喷油嘴1损坏。

（3）故障生成原理　如果喷油嘴电压＞210V并且喷油嘴上的电荷＜300μA·s，则识别到该故障，设置故障码P0201。

（4）故障识别条件

① 电压条件：车载网络电压＞10V。

② 温度条件：冷却液温度＞-20℃。

③ 时间条件：无。

④ 其他条件：发动机运转。

（5）故障存储条件和显示　立刻记录故障。

（6）故障处理措施

① 检测PCM和喷油嘴1之间的电线束。

② 检测喷油嘴1：测量喷油嘴线脚之间电阻［标准值：（200±10）kΩ］，如果未达到标准值，则更换喷油嘴。

4. 电路检测

① 将点火开关置于OFF（关闭）位置，断开相应的线束连接器。

② 将点火开关置于ON（打开）位置，观察相应的故障诊断仪各个气缸喷油器控制电路状态。该参数应显示为"开路"。

如果不是规定值，则测试相应的高电源电压电路发动机控制模块侧是否对搭铁短路，或相应的高电压控制电路发动机控制模块侧是否对电压短路。如果电路测试正常，则更换发动机控制模块。

③ 将点火开关置于ON（打开）位置，在相应的高电源电压电路和高电压控制电路之间连接一个测试灯。喷油器控制电路状态应从开路变为正常。

如果不是规定值，则测试发动机控制模块侧线束是否存在以下情况。

a. 高电源电压电路开路/电阻过大。

b. 高电压控制电路开路/电阻过大。

c. 高电压控制电路对搭铁短路。

d. 高电源电压电路对电压短路。

如果电路测试正常，则更换发动机控制模块。

④ 将点火开关置于OFF（关闭）位置，测量相应的高电源电压电路和搭铁之间的电阻，应该为∞（无穷大）。

如果小于规定范围，则测试高电源电压电路和高电压控制电路是否对搭铁短路。如果电路/连接测试正常，则测试或更换相应的喷油器。

⑤ 测试相应的高电源电压电路和高电压控制电路之间的电阻是否在2～3Ω之间。

如果小于规定范围，则测试高电源电压电路和高电压控制电路之间是否短路。如果电路/连接测试正常，则测试或更换相应的喷油器。

如果大于规定范围，则测试高电源电压电路和高电压控制电路是否开路/电阻过大。如果电路/连接测试正常，则测试或更换相应的喷油器。

二、点火开关和喷射装置过载保护继电器

1. 功能概述

点火开关和喷射装置过载保护继电器使总线端KL87用于连接控制单元和组件。

总线端15接通后，发动机控制单元控制点火开关和喷射装置的过载保护继电器。

在通过发动机控制单元控制后，总线端30线接触励磁线圈，点火开关和喷射装置过载保护继电器吸合，从而将总线端KL87（供电电压）切换到连接的控制单元和组件。继电器见图2-16。

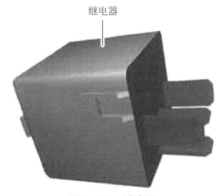

图2-16　继电器

2. 内部电路

维修图解

机械式继电器按照电磁铁原理工作。励磁线圈内的电流将产生一个穿过铁磁芯的磁流。在其边上，是一个活动支承的同样是铁磁性的电枢。在空气间隙上，形成了对于电枢的作用力，以切换触点。一旦线圈不再被激励，电枢便会通过弹力被复位到初始位

置。图2-17为继电器内部电路。

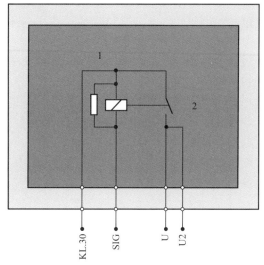

图2-17 继电器内部电路

1—励磁线圈；2—开关触点；KL.30—总线端KL.30长时正极；
SIG—控制励磁线圈（总线端KL15接通后通过发动机控制单元）；U—总线端KL87
供电导线（例如至配电器）；U2—总线端KL87供电导线（取决于装备）

3. 标准参数

点火开关和喷射装置过载保护继电器参数见表2-11。

表2-11 点火开关和喷射装置过载保护继电器参数

项目/说明/物理量	参数
低压侧供电电压	9～16V
温度范围	-40～85℃

三、电动风扇诊断

1. 诊断说明

电动风扇安装在冷却器后面。发动机控制系统控制电动风扇。发动机控制系统通过总线端30经一个继电器切换供电。

电子分析装置对临界状态进行一次内部故障诊断。如果识别到某个故障，则尽可能久地保持运行。如果通过脉冲宽度调制的控制失效，则用一个固定脉冲负载参数控制电动风扇紧急运行。

2. 功能概述

电动风扇由发动机控制单元通过一个按脉冲宽度调制的信号控制（分析通过风扇电子装置进行）。发动机控制单元通过一个按脉冲宽度调制的信号（7%～93%）控制水箱风扇的不同转速。小于7%和大于93%的脉冲负载参数都不会触发控制，而只被用于故障识别。水箱风扇转速受冷却液出口（水箱）处的冷却液温度和空调器中的压力影响。随着行驶速度的上升，水箱风扇转速被降低。

在电动风扇空转时，发动机控制系统将频率降到10Hz。通过脉冲负载参数可以选择时间（最长11min）和风扇转速。电动风扇见图2-18。

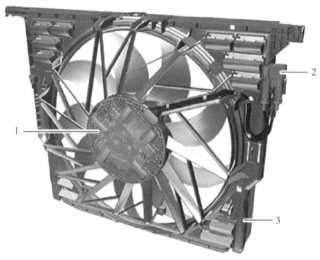

图2-18　电动风扇（参见附录彩图）
1—电动风扇驱动装置；2—4芯插头；3—集风罩

3. 内部电路

维修图解

电动风扇驱动装置是一个无刷电动机。电动风扇有一个自己的电子分析装置，并通过一个按脉冲宽度调制的信号调节转速。正常运行时的脉冲负载参数（100Hz）被转换成转速信号。

① 7%脉冲负载参数：待机模式（电子分析装置保持清醒）。

② 11%脉冲负载参数：最小风扇转速（33%额定转速）。

③ 93%脉冲负载参数：最大风扇转速。

④ 97%脉冲负载参数：用于电子分析装置自诊断的命令。

图2-19为电动风扇内部电路。

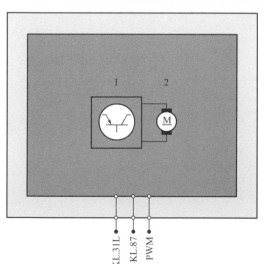

图2-19　电动风扇内部电路
1—电子分析装置；2—电动风扇驱动装置；KL.31L—负荷接地；KL.87—经过水箱风扇断路继电器的总线端KL.30蓄电池电压；PWM—脉冲宽度调制信号

4. 失效影响

电动风扇失效时，将出现以下情况。

① 在发动机控制单元中记录故障代码。
② 功率降低（发动机过热时）。
③ 组合仪表上出现检查控制信息。
④ 发动机关闭后，车前部的热临界部件会损坏（发动机停车升温）。

5. 电动风扇故障分析

车辆在怠速或车速过慢时，空气流动的速率就不足以及时带走发动机散发的热量，这时候，冷却风扇把外界空气抽取进来帮水箱散热。PCM依各种不同状况提供高速或低速风扇运转。

故障码P0480分析（一）

（1）故障描述　风扇控制，低速，输出故障。

（2）故障原因　可能的故障原因：
① 熔丝烧毁。
② 风扇控制电路接头线束产生断路。
③ 风扇控制电路接头线束产生短路到接地或短路到电源。
④ 风扇控制电路接头线束接触不良。
⑤ 低速风扇继电器故障。

（3）故障识别条件　当点火电压（蓄电池电压）正常，PCM要求作动风扇继电器，控制电路检测到高电位，不作动时控制电路检测到低电位，且PCM在80次连续监控中，有40次测量到上述情形时，此故障码就会被设定。

故障码P0480分析（二）

（1）故障描述　电动风扇，控制，断路。该诊断监控电动风扇和发动机控制单元之间的导线。

（2）故障原因
① 电线束损坏。
② 电动风扇断电继电器损坏。
③ 电动风扇损坏。

（3）故障生成原理　如果电动风扇无供电，则识别到该故障。

（4）故障识别条件　总线端15接通。
① 电压条件：车载网络电压＞10V。
② 温度条件：环境温度＞-20℃。
③ 时间条件：5s。
④ 其他条件：无。

（5）故障存储条件和显示　如果故障存在时间超过5s，则被记录。

（6）故障处理措施
① 检查发动机控制单元和电动风扇之间的电线束。
② 检查电动风扇的供电。
③ 拔下电动风扇并在供电和控制之间测量电动风扇电阻。如果电阻大于1MΩ，则更换电动风扇。

④ 检查电动风扇断电继电器电线束。
⑤ 更换电动风扇断电继电器。

故障码P0481分析

（1）故障描述　风扇控制，高速，输出故障。
（2）故障原因　可能的故障原因：
① 风扇控制电路接头线束产生断路。
② 风扇控制电路接头线束产生短路到接地或短路到电源。
③ 风扇控制电路接头线束接触不良。
④ 高速风扇继电器故障。
⑤ 风扇作动继电器故障。
（3）故障识别条件　当点火电压（蓄电池电压）正常，PCM要求作动风扇继电器，控制电路检测到高电位，不作动时控制电路检测到低电位，且于125ms中80次连续监控，有40次测量到上述情形时，此故障码就会被设定，生成故障码P0481。

四、制冷剂压力传感器诊断

1. 概述

冷暖空调的制冷剂压力传感器安装在冷凝器和蒸发器之间的高压管路内。冷却运行时，制冷剂压力通过制冷剂压力传感器感测并在冷暖空调控制单元中分析（"IHKA"表示"自动恒温空调"）。

根据传感器信号，在制冷剂压力过高时通过冷暖空调控制单元调节或关闭空调压缩机。根据制冷剂压力，通过冷暖空调控制单元感测风扇挡，并将风扇挡通过总线传输至发动机控制单元。

图2-20　制冷剂压力传感器
1—制冷剂压力传感器；2—3芯插头

2. 功能说明

制冷剂压力传感器通过感压元件分析制冷循环回路高压管路中存在的制冷剂压力。制冷剂压力传感器获得恒定不变的电压。实际的测量信号是一个受制冷剂压力影响的线性传感器输出电压。然后，该压力信号再被转换为数字信号并通过总线发送给冷暖空调控制单元。制冷剂压力传感器见图2-20。

3. 内部电路

维修图解

控制单元（JBE或FEM或BDC）给制冷剂压力传感器提供5V电压和接地。图2-21为制冷剂压力传感器内部电路。

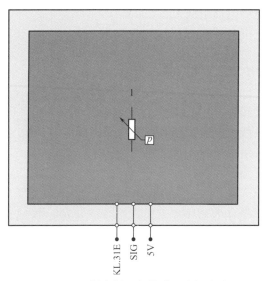

图2-21　制冷剂压力传感器内部电路

1—制冷剂压力传感器；KL.31E—总线端KL.31E电子接地线；SIG—信号线；5V—供电电压

4. 参数和特性

制冷剂压力传感器的信号波动取决于压力。0.4～4.6V的测量范围对应10kPa～3.5MPa（0～35bar）的压力。相应的风扇挡仅受制冷剂压力影响。表2-12为制冷剂压力传感器参数。

表2-12　制冷剂压力传感器参数

项目/说明/物理量	参数
电压范围	4.5～5.5V
电流消耗	小于20mA
温度范围	-40～85℃

5. 失效影响

制冷剂压力传感器失灵时，预计会出现下列情况。
① IHKA控制单元内出现故障代码存储记录。
② 空调压缩机被关闭或未打开。

6. 制冷剂压力传感器故障分析

制冷剂压力传感器位于储液筒上，它将空调管路内的制冷剂压力转换成电压值，然后输入给PCM。PCM会依照制冷剂压力传感器所传送的制冷剂管路压力信号来决定"开启"或"关闭"压缩机。当高压侧的管路压力高于3.1kPa时，压缩机电磁离合器会释放。当高压侧的管路压力低于1.7kPa时，压缩机电磁离合器会接合。

故障码P0532分析

（1）故障描述　空调制冷剂压力传感器电压太低。在制冷剂压力传感器上识别到对地短路。

（2）故障原因　可能故障原因：
① 制冷剂压力传感器电路接头线束产生断路。
② 制冷剂压力传感器电路接头线束产生短路到接地或短路到电源。
③ 制冷剂压力传感器电路接头线束接触不良。
④ 制冷剂压力传感器故障。
（3）故障识别条件　当点火电压（蓄电池电压）正常，开启AC开关与鼓风机，制冷剂压力传感器电路检测到的电压值低于测量刻度值2%，且于125ms中160次连续监控，有80次测量到上述情形时，此故障码就会被设定。

如果故障持续存在的时间至少达到10s，则记录到故障代码存储器中。

（4）故障处理措施　检查制冷剂压力传感器的供电电压。
① 如果拔下制冷剂压力传感器后在电线束上测得的供电电压明显低于5V，必须检查至传感器的导线是否损坏。如果导线正常，则更换控制单元。
② 如果拔下制冷剂压力传感器后，在电线束上测得的供电电压约为5V，则更换制冷剂压力传感器。

故障码P0533分析

（1）故障描述　空调制冷剂压力传感器电压太高。在制冷剂压力传感器上识别到对正极短路。

（2）故障原因　可能故障原因：
① 制冷剂压力传感器电路接头线束产生断路。
② 制冷剂压力传感器电路接头线束产生短路到接地或短路到电源。
③ 制冷剂压力传感器电路接头线束接触不良。
④ 制冷剂压力传感器故障。

（3）故障识别条件　当点火电压（蓄电池电压）正常，开启AC开关与鼓风机，制冷剂压力传感器电路检测到的电压值高于98%，且于125ms中160次连续监控，有80次测量到上述情形时，此故障码就会被设定。

如果故障持续存在的时间至少达到10s，则记录到故障代码存储器中。

（4）故障处理措施　检查制冷剂压力传感器的供电电压。
① 如果拔下制冷剂压力传感器后在电线束上测得的供电电压明显高于5V，则必须检查至传感器的导线是否损坏。如果导线正常，则更换控制单元。
② 如果拔下制冷剂压力传感器后，在电线束上测得的供电电压约为5V，则必须更换制冷剂压力传感器。

五、凸轮轴电磁阀

1. 概述

凸轮轴进气和排气电磁阀轴向布置在气缸盖前部。凸轮轴电磁阀（内带止回阀）将发动机机油压分配给两个凸轮轴调整装置。

可调式凸轮轴控制装置正时控制系统用于在低转速和中等转速范围内提高扭矩。同时为怠速和最大功率设置最合理的气门配气相位。

2. 功能说明

可调式凸轮轴控制装置改善低速和中等转速范围内的扭矩。通过较小的气门重叠可在急速下产生数量较少的剩余气体。通过部分负荷区的内部废气再循环降低氮氧化物。此外还有以下作用。

① 废气催化转换器的加热更快。
② 冷机启动后的有害物质的排放更少。
③ 降低燃油消耗。

凸轮轴进气（排气）电磁阀见图2-22。

图2-22 凸轮轴进气（排气）电磁阀

1—凸轮轴进气电磁阀；2—凸轮轴排气电磁阀；3—2芯插头；4—2芯插头

一个凸轮轴电磁阀用于控制此凸轮轴调整装置。可根据转速和负荷信号计算出需要的进气凸轮轴和排气凸轮轴位置（与进气温度和发动机温度有关）。DME控制单元相应地控制凸轮轴调整装置。进气凸轮轴可在其最大调节范围内可变调节。达到正确的凸轮轴位置时，凸轮轴电磁阀保持调节缸两个叶片腔的油容量恒定，因此可将进气凸轮轴保持在该位置上。为了进行调节，可调式凸轮轴控制装置需要一个有关凸轮轴当前位置的反馈信号。进气侧的一个凸轮轴传感器检测凸轮轴位置。在车辆启动时，进气凸轮轴在极限位置上（在"滞后"位置上）。

3. 内部电路

维修图解

凸轮轴进气电磁阀是通过一个2芯插头连接的。通过总线端KL.15N为凸轮轴电磁阀供电。发动机控制系统发送按脉冲宽度调制的控制信号，如图2-23所示。

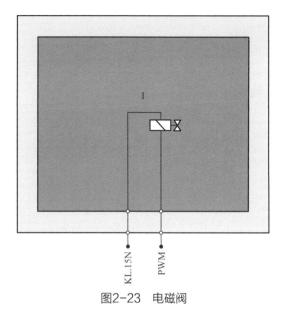

图2-23 电磁阀

1—凸轮轴进气电磁阀；KL.15N—总线端KL.15，电源；PWM—脉冲宽度调制信号

4. 配气相位图表和参数

（1）怠速 在怠速时，凸轮轴被调节到只有很小的气门重叠，甚至是没有气门重叠。很少的剩余气量将使得燃烧更加稳定，怠速也因此稳定。达到最小的气门重叠时，伴随着的是很大的进气角度和排气角度，甚至到了最大。此时，VANOS电磁阀不通电，即使在关闭发动机的情况下，仍占据该凸轮轴位置。

（2）功率 为了在高转速时达到良好的功率，排气门较晚打开。这样，燃烧延长到柱塞上。进气阀在上死点后打开，在下死点后较晚关闭。流入空气的动态再增压效果因此可以用于提高功率。

（3）扭矩和功率 为了实现较高的扭矩，必须达到一个较高的气缸进气度。根据进气管压力峰值或进气管压力谷值的相位，必须提前或延迟打开或关闭进气门或排气门。根据进气管长度，不带可变凸轮轴正时控制系统（凸轮轴）的发动机具有准确的最佳气缸进气转速。带凸轮轴的发动机可以在宽的转速范围内用优化的气缸进气来描述，既可以避免新鲜气体被推回进气管，又可以避免剩余气体回流到气缸。

（4）涡轮增压时扭矩升高 涡轮发动机转速较低时，在增压区域扫气压力差为正，气门重叠角较大，因此可以充分扫气并获得明显更大的扭矩。流经发动机的空气比用于燃烧所需要的更多，这样压缩机就不会处于喘振限上。另外，气缸中几乎不再有剩余气体。

（5）部分负荷时的内部废气再循环 与按扭矩或功率优化凸轮轴位置不同，调节进气凸轮轴和排气凸轮轴可能会同时造成废气再循环量增高。对于内部废气再循环量起决定作用的是气门重叠大小以及排气歧管和进气管之间的压力差。

内部废气再循环有下列特性。

① 相对于外部废气再循环反应时间更快（对于内部废气再循环进气集气箱无剩余气体）。

② 废气热量快速回流到气缸中（附加的热量在发动机冷状态时有助于达到更佳的混合气制备并由此达到更低的碳氢化合物排放）。

③ 减小燃烧最高温度并因此减小氮氧化物排放量。

表2-13为凸轮轴电磁阀参数。

表2-13 凸轮轴电磁阀参数

项目/说明/物理量	参数
电压范围	6～16V
脉冲负载参数	1%～99%
控制信号频率	100～256Hz
线圈电阻	约10.5Ω
工作压力	≤10bar
温度范围	-40～150℃

六、制动信号灯开关诊断

1. 概述

在制动信号灯开关（图2-24）内，安装霍尔传感器，作为开关使用。

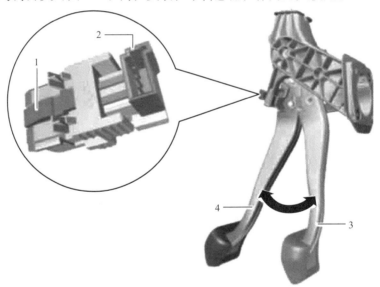

图2-24 制动信号灯开关（参见附录彩图）
1—制动信号灯开关；2—4芯插头；3—制动踏板已踩下；4—制动踏板未踩下

2. 功能说明

制动信号灯开关根据霍尔传感器信号，自动识别出制动踏板是否已踩下，并转换为数字信号传输到车身中央控制单元上（例如JBE、FEM、BDC）。该控制单元又将信号传输到总线系统上。

制动信号灯开关是不移动部件，并进行非接触式工作。开关状态的改变可通过制动踏板上一个铁磁性释放部件的离开或接近来实现。

霍尔传感器的电阻根据磁势而变化。如果制动踏板未踩下,制动踏板杆处于制动信号灯开关上方。如果制动踏板已踩下,制动踏板杆处于制动信号灯开关下方至少1.8mm。

未操纵制动器时的开关状态:制动信号灯开关输出端导通而制动信号灯测试开关输出端断开。

制动信号灯开关所发出的两个冗余信号都将由便捷进入及启动系统(CAS)读取。CAS将这些信号转发到总线系统上,例如给发动机控制系统。

制动信号灯开关所发出的这些信号还通过硬接线转发至以下系统:倒车灯脚部空间模块(FRM)和制动干预动态稳定控制(DSC)。

3. 内部电路

> **维修提示**

霍尔集成电路和磁铁牢固安装在开关壳体中。制动踏板不需要施加制动信号灯开关复位力。制动信号灯开关由便捷进入及启动系统(CAS)供电(总线端KL.30B)。图2-25为内部电路。

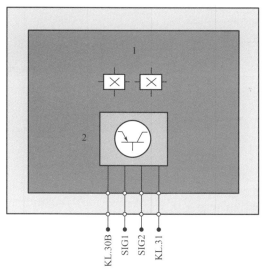

图2-25 内部电路

1—霍尔传感器;2—电子单元;KL.30B—总线端KL.30B基础运行;
SIG1—霍尔传感器1信号;SIG2—霍尔传感器2信号;KL.31—接地端

4. 制动信号灯开关参数

表2-14为制动信号灯开关参数。

表2-14 制动信号灯开关参数

项目/说明/物理量	参数
电压范围	6～16V

续表

项目/说明/物理量	参数
正常运行下的耗电	≤ 8A
开关断开输出电阻	1.5MΩ
温度范围	-40 ～ 85℃

5. 失效影响

制动信号灯开关失效时，将出现以下情况。

（1）便捷进入及启动系统（CAS）内出现故障代码存储记录。

（2）动态稳定控制系统（DSC）内出现故障代码存储记录。很多车现在逐渐使用总线系统，不再硬接线，而是发送一个总线信号至DSC。

（3）脚部空间模块（FRM）内出现故障代码存储记录。

（4）由于总线系统上缺少信息，发动机控制系统内出现故障代码存储记录。

6. 制动信号灯开关故障分析

当踩下制动踏板时，制动开关不导通而制动灯开关导通，PCM会根据此项信号来检测制动踏板的状态。

维修提示

检查制动开关必须在安装制动踏板支架的状态下。

故障码P0504分析

（1）故障描述　制动开关联动性问题。

（2）故障原因　可能故障原因：

① 制动开关电路断路。

② 制动开关电路短路到电源或接地。

③ 制动开关故障。

（3）故障识别条件　定速状态下行驶超过20km以上，制动灯开关与制动踏板开关作动时间差超过2s，故障码会被设定。

七、点火线圈

1. 独立点火线圈

发动机具有一个带静态点火分电系统的感应式点火装置。每个气缸都有一个单独的点火线圈。这个线圈点火系统的点火电路由带初级和次级线圈的点火线圈和发动机控制单元中的点火终极组成。火花塞，与次级线圈相连。每个火花塞都由一个单独的点火线圈（杆状点火线圈）以及发动机控制单元中一个单独的点火终极用高压控制。图2-26为独立点火线圈。

2. 功能概述

维修图解

点火终极在希望的点火时刻前使车载网络中的一个电流流过初级线圈。在初级电路闭合期间（关闭时间），在初级线圈中建立起一个磁场。在点火时刻，流过初级线圈的电流重新中断。磁场的能量通过磁耦合的次级线圈放电（感应）。这时在次级线圈中产生一个高压，此高压在火花塞上产生点火火花。

火花塞上必要的点火电压（点火电压需求）必须始终低于点火装置可能的最大点火电压（点火电压供应）。在点火火花击穿后，剩余的能量在火花持续时间内在火花塞上转换掉。因此必须精确调整点火火花点燃燃烧室内的油气混合气的点火时刻。这样可以保证最佳扭矩以及低油耗，且同时有害物质的排放最小。

图2-26 独立点火线圈
1—点火线圈；2—插头连接器；3—火花塞

主要影响参数如下。
（1）发动机转速。
（2）发动机扭矩。
（3）增压压力。
（4）当前过量空气系数。
（5）冷却液温度和进气温度。
（6）燃油等级（辛烷值）。
（7）发动机运转工况（发动机启动、怠速、部分负荷、满负荷）。

3. 结构及内部线路

维修图解

点火线圈按照变压器原理工作。在一个共用铁芯上安放着两个线圈。初级线圈由一根粗金属丝组成，匝数少。线圈的一端通过总线端KL.15过载保护继电器连接在车载网络电压正极（总线端KL.15）上，另一端（总线端KL.1）连接在点火终极上，这样点火终极能够接通初级电流。次级线圈由一根匝数很多的细金属丝制成。图2-27为独立点火线圈线路。

4. 信号曲线及参数

点火信号的计算还确保在正确的气缸中以最佳点火提前角使用必要的能量进行火花的点火，为此探测曲轴的转速信号。发动机控制单元由此计算出曲轴角度和当前发动机转速。

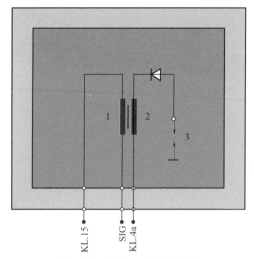

图2-27 独立点火线圈线路

1—初级线圈；2—次级线圈；3—火花塞；
KL.15—供电（通过总线端KL.15过载保护继电器）；SIG—点火信号，总线端KL.1；KL.4a—总线端，接地

这样，在每个所需的曲轴角度上进行点火终极的接通和关闭。汽油发动机的有效范围为上止点前-70°曲轴转角至上止点后+30°曲轴转角。对于四冲程发动机，由于必须在发动机每旋转两圈后点火一次，因此要求凸轮轴传感器与气缸一致对应。点火线圈曲线见图2-28。

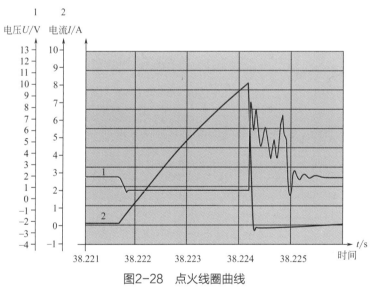

图2-28 点火线圈曲线

1—点火线圈总线端KL.1上的电压（来自点火终极）；2—初级线圈充电电流

连续火花点火的基础是重复接通和关闭点火线圈，于是实际的点火火花扩展成一个火花带。通过提前后续扫气将中断单个点火，于是火花塞上没有更多能量传递到油气混合气中，剩余能量保留在点火线圈中。这样能够将后续扫气时间缩到最短。只能在低转速范围中以及暖机阶段时采用连续火花点火（清洁火花塞）。点火线圈参数见表2-15。

表2-15 点火线圈参数

项目/说明	参数
电压范围	6～16V
正常运行中的次级线圈电压	至29kV
正常运行时的最大耗电	8～10.5A
初级电阻	小于600mΩ
初级线圈与次级线圈的传动比	1∶80
温度范围	-40～140℃

5. 故障分析

发动机控制模块使用曲轴位置传感器的信息确定何时出现发动机失火，并且使用凸轮轴位置传感器的信息确定哪个气缸正在失火。发动机控制模块通过监测各缸曲轴转速的变化，可以检测到各个失火。如果发动机控制模块检测到失火率足以使排放水平超出法定标准，则设置故障码P0300。

在一定的行驶条件下，失火率过高会导致三效催化转换器三元催化器过热，可能使转换器损坏。当转换器过热、出现损坏故障和设置故障码P0300时，故障指示灯将闪烁。4缸发动机故障码P0301～P0304对应于气缸1～4；6缸发动机故障码P0301～P0306对应于气缸1～6；8缸发动机故障码P0301～P0308对应于气缸1～8；12缸发动机故障码P0301～P0312对应于气缸1～12。如果发动机控制模块可以确定失火的是哪个气缸，则设置该气缸的故障诊断码。

故障码P0300分析

（1）故障描述　有失火，但失火监测器不能确定具体哪个气缸失火。

（2）故障原因　很多故障都可能造成失火。汽油发动机需要有几个基本条件：空气、燃油、压缩、点火火花等，如不具备这些基本条件，发动机就不会运转。如发动机的某一气缸中缺了这些条件，就会导致这个气缸失火。

（3）故障生成原理　如果曲轴在相应气缸的做功冲程期间相对于其他气缸延时，该诊断监控在一个行驶周期内是否记录了多个"熄火"故障。如果在至少两个气缸上存在熄火，则识别到故障，就会生成故障码P0300。

（4）故障识别条件　总线端KL.15接通。

① 电压条件：供电电压介于9～16V之间。

② 温度条件：无。

③ 时间条件：无。

④ 其他条件：发动机打开。

（5）故障存储条件和显示　如果在曲轴旋转200圈时识别到一个根据特性线的熄火数量，则记录该故障。

（6）故障处理措施　联锁故障。排除下列部件或功能故障。

① 燃油供应。

② 点火开关。

③ 供气。

④ 发动机冷却。

⑤ 发动机机械机构。

故障码P0301分析（一）

（1）故障描述　1缸失火。熄火，1缸，启动过程后产生的废气有害。

此诊断监控做功冲程的持续时间并通过分析转速信号将此持续时间与其他气缸相比较。

（2）故障生成原理　如果曲轴在相应气缸的做功冲程期间相对于其他气缸延时，则识别到故障，就会生成故障码P0301。

（3）故障识别条件

① 温度条件：无。

② 时间条件：无。

③ 控制单元电压：9～16V。

④ 总线端KL.15接通。

⑤ PWF状态：驾驶中。

⑥ 其他条件：发动机运转。

提示：总线端状态或PWF状态的名称分别根据车辆的车载网络选用。

（4）故障存储条件和显示　如果启动之后检测到特定次数的、会产生有害废气的熄火现象，则需对故障进行记录。

（5）故障处理措施

① 排除可能会造成熄火的可能存在的故障。

② 检查燃油系统。

③ 检查点火装置。

④ 检查进气系统。

⑤ 检测气缸压力。

⑥ 检查曲轴箱通风。

⑦ 检查进气管道。

故障码P0301分析（二）

（1）故障描述　1缸失火。1缸熄火，已识别。

此诊断监控做功冲程的持续时间并通过分析转速信号将此持续时间与其他气缸相比较。

（2）故障生成原理　如果曲轴在相应气缸的做功冲程期间相对于其他气缸延时，则识别到故障。

（3）故障识别条件

① 温度条件：冷却液温度高于-7.5℃。

② 时间条件：无。

③ 控制单元电压：9～16V。

④ 总线端KL.15接通。

⑤ PWF状态：驾驶。

⑥ 其他条件：发动机运转。

（4）故障存储条件和显示

① 如果该故障存在时间超过200圈曲轴转动时间。

② 如果该故障存在时间超过4000圈曲轴转动时间并在第一个1000圈曲轴转动结束后仍存在。

③ 如果在发动机启动后曲轴转动1000圈之后故障仍然存在，则将被记录。

（5）故障处理措施　检查是否记录有关于下列部件/功能的故障，如有则应首先排除这些故障。

① 点火开关。
② 燃油供应。
③ 供气。
④ 发动机机械机构。

故障码P0302分析（一）

（1）故障描述　2缸失火。此诊断监控做功冲程的持续时间并通过分析转速信号将此持续时间与其他气缸相比较（分段时间）。

（2）故障生成原理　如果曲轴在相应气缸的做功冲程期间相对于其他气缸延时，则识别到故障。

（3）故障识别条件

① 电压条件：供电电压介于9～16V之间。
② 温度条件：无。
③ 时间条件：无。
④ 总线端状态：总线端KL.15接通。
⑤ 其他条件：发动机打开。

（4）故障存储条件和显示　如果在曲轴旋转200圈时识别到一个根据特性线的熄火数量，则记录该故障。

（5）故障处理措施　检查下列部件。
① 燃油供应。
② 点火开关。
③ 供气。
④ 发动机冷却。
⑤ 发动机机械机构。

故障码P0302分析（二）

（1）故障描述　2缸失火。熄火，2缸，启动过程后产生的废气有害。

该诊断监控做功冲程的持续时间并通过分析转速信号将此持续时间与其他气缸相比较。

（2）故障生成原理　如果曲轴在相应气缸的做功冲程期间相对于其他气缸延时，则识别到故障。

（3）故障识别条件

① 温度条件：无。
② 时间条件：无。
③ 控制单元电压：9～16V。
④ 总线端KL.15接通。
⑤ 其他条件：发动机运转。

（4）故障存储条件和显示　如果启动之后检测到特定次数的、会产生有害废气的熄火现象，则需对故障进行记录。

（5）故障处理措施

① 排除会造成熄火的可能存在的故障。
② 检查燃油系统。
③ 检查点火装置。
④ 检查进气系统。

⑤检测气缸压力。
⑥检查曲轴箱通风。
⑦检查进气管道。

故障码P0303分析

（1）故障描述　3缸失火。该诊断监控做功冲程的持续时间并通过分析转速信号将此持续时间与其他气缸相比较。

（2）故障生成原理　如果曲轴在相应气缸的做功冲程期间相对于其他气缸延时，则识别到故障。

（3）故障识别条件
①温度条件：无。
②时间条件：无。
③控制单元电压：9～16V。
④总线端KL.15接通。
⑤PWF状态：驾驶。
⑥其他条件：发动机运转。

（4）故障存储条件和显示　如果在曲轴旋转200圈时识别到一个根据特性线的熄火数量，则记录该故障。

（5）故障处理措施
①排除可能会造成熄火的可能存在的故障。
②检查燃油系统。
③检查点火装置。
④检查进气系统。
⑤检测气缸压力。
⑥检查曲轴箱通风。
⑦检查进气管道。

故障码P0304分析（一）

（1）故障描述　4缸失火。该诊断监控做功冲程的持续时间并通过分析转速信号将此持续时间与其他气缸相比较。

（2）故障生成原理　如果曲轴在相应气缸的做功冲程期间相对于其他气缸延时，则识别到故障。

（3）故障识别条件
①温度条件：无。
②时间条件：无。
③控制单元电压：9～16V。
④总线端KL.15接通。
⑤其他条件：发动机运转。

（4）故障存储条件和显示　如果在曲轴旋转200圈时识别到一个根据特性线的熄火数量，则记录该故障。

（5）故障处理措施
①排除可能会造成熄火的可能存在的故障。
②检查燃油系统。
③检查点火装置。

④ 检查进气系统。
⑤ 检测气缸压力。
⑥ 检查曲轴箱通风。
⑦ 检查进气管道。

故障码P0304分析（二）

（1）故障描述　4缸失火。熄火，4缸已识别。
该诊断监控做功冲程的持续时间并通过分析转速信号将此持续时间与其他气缸相比较。

（2）故障生成原理　如果曲轴在相应气缸的做功冲程期间相对于其他气缸延时，则识别到故障。

（3）故障识别条件
① 温度条件：冷却液温度高于-7.5℃。
② 时间条件：无。
③ 控制单元电压：9～16V。
④ 总线端KL.15接通。
⑤ 其他条件：发动机运转。

（4）故障存储条件和显示
① 如果该故障存在时间超过200圈曲轴转动时间。
② 如果该故障存在时间超过4000圈曲轴转动时间并在第一个1000圈曲轴转动结束后仍存在。
③ 如果在发动机启动后曲轴转动1000圈之后故障仍然存在，则将被记录。

（5）故障处理措施　检查是否记录有关于下列部件/功能的故障，如有则应首先排除这些故障。
① 点火开关。
② 燃油供应。
③ 供气。
④ 发动机机械机构。

八、蒸发排放控制系统阀

1. 蒸发排放控制系统（EVAP）

蒸发排放控制系统（EVAP）用于收集燃油箱中的燃油蒸气，然后将这些燃油蒸气送入发动机气缸中进行燃烧，防止碳氢化合物挥发到周围环境中。因为该系统中如果存在泄漏，都将导致HC排放超标，所以要求OBD系统对EVAP的工作情况进行监测。

2. 工作过程

维修图解

蒸发排放控制系统（图2-29）活性炭罐收集并储存油箱内形成的燃油蒸气，在发动机工作时通过控制电磁阀将燃油蒸气导入进气歧管参与发动机工作。

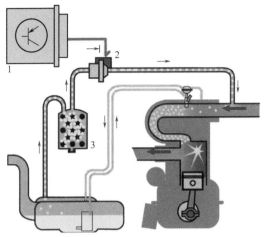

图2-29 蒸发排放控制系统（参见附录彩图）
1—发动机控制单元；2—电磁阀；3—活性炭罐

3. EVAP电磁阀诊断

EVAP电磁阀的作用是将燃油蒸气从蒸发排放炭罐吸入到进气歧管中。EVAP电磁阀为脉冲宽度调制（PWM）控制方式。

（1）工作电压 蓄电池经过受ECM控制的主继电器ER08的3号端子到达EVAP电磁阀线束连接器EN10的1号端子。

（2）ECM控制电路

维修图解

EVAP电磁阀线束连接器EN10的2号端子与ECM线束连接器EN44的37号端子相通。ECM内部设置有一个驱动电路控制电磁阀接地。驱动电路配备了一个反馈电路给ECM，ECM通过监测反馈电压来确定控制电路是否开路、对接地短路或对电压短路。图2-30为发动机控制单元-活性炭罐电磁阀控制电路。

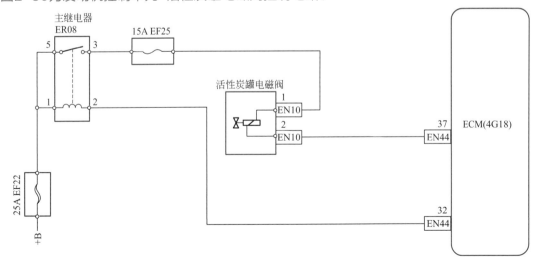

图2-30 发动机控制单元-活性炭罐电磁阀控制电路

九、燃油泵继电器诊断

燃油泵继电器的线圈工作电源由受ECM控制的主继电器供给。ECM通过ECM线束连接器相应的对号端子控制燃油泵继电器的2号端子内部接地，燃油泵继电器吸合。ECM内部设置有一个驱动电路控制继电器线圈接地，驱动电路配备了一个反馈电路给ECM，ECM通过监测反馈电压来确定控制电路是否开路、对接地短路或对电压短路。发动机控制单元-燃油泵继电器控制电路见图2-31。

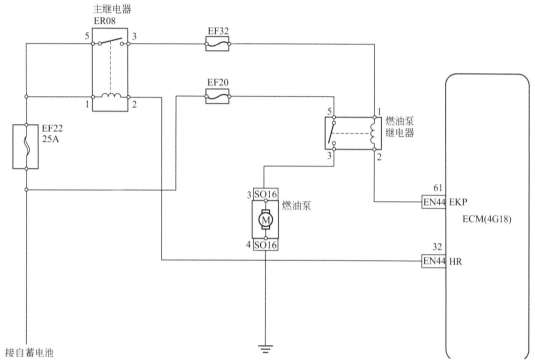

图2-31　发动机控制单元-燃油泵继电器控制电路

十、空调继电器诊断

空调继电器的工作电源由受ECM控制的主继电器供给。ECM通过ECM线束连接器相应的对号端子控制空调继电器内部接地，继电器吸合。ECM内部设置有一个驱动电路控制继电器线圈接地，驱动电路配备了一个反馈电路给ECM，ECM通过监测反馈电压来确定控制电路是否开路、对接地短路或对电源短路。

第三章

自动变速器电控系统

第一节 自动变速器控制单元

一、自动变速器概述

自动变速箱主要由电子及液压控制系统组成，电子控制系统主要由自动变速器控制单元（TCM）、传感器、电磁阀及空挡启动开关组成，见图3-1。

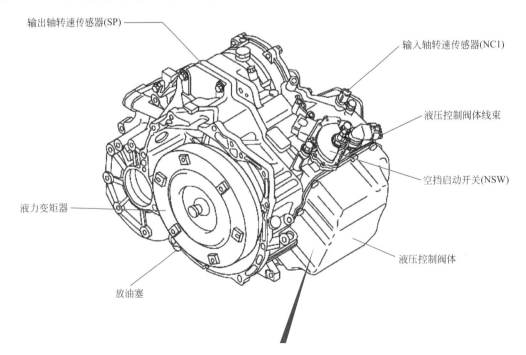

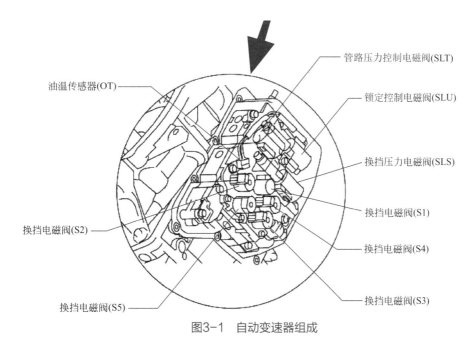

图3-1 自动变速器组成

二、自动变速器控制单元

TCM根据车辆的行驶状况及发动机的负荷来控制自动变速器做一系列的动作，TCM有下列几种模式来控制自动变速器。自动变速器控制见图3-2、图3-3。TCM接头端子及其参数见图3-4、表3-1。

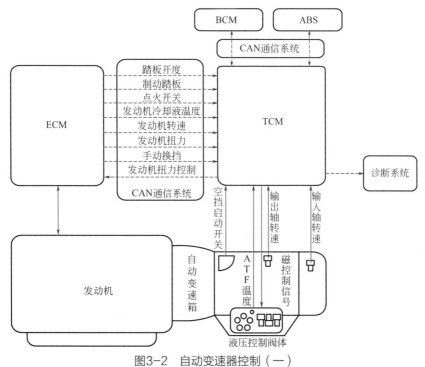

图3-2 自动变速器控制（一）

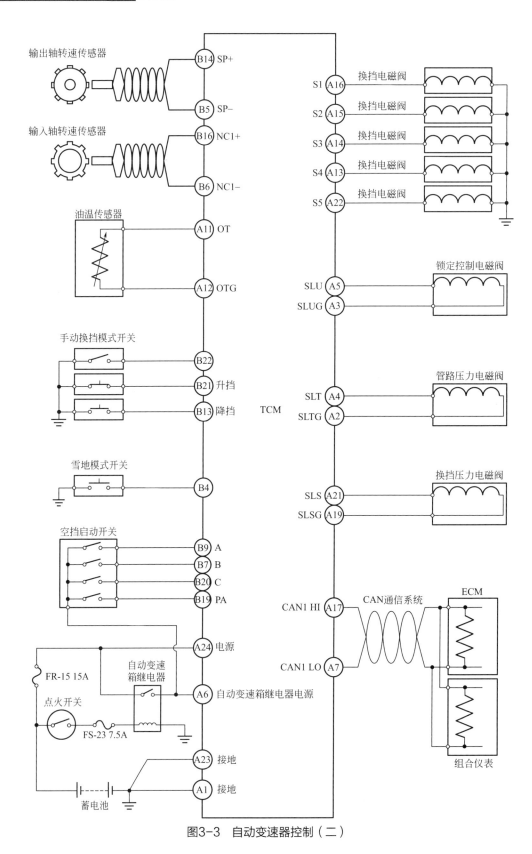

图3-3 自动变速器控制（二）

Chapter 03　第三章　自动变速器电控系统

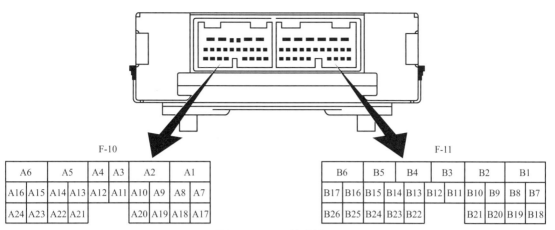

图3-4　TCM接头端子

表3-1　TCM的端子与参数

接头	端子	线色	信号名称	作用或状况	参数（近似值）
F-10	A1	B	接地	—	0V
	A2	P/B	管路压力电磁阀接地（SLTG）	—	0V
	A3	O/B	锁定控制电磁阀接地（SLUG）	—	0V
	A4	P	管路压力电磁阀（SLT）	换挡时（N 到 D）	5V　2ms
	A5	O	锁定控制电磁阀（SLU）	N 挡时	5V　2ms
	A6	BR	自动变速箱继电器	点火开关 ON	蓄电池电压
	A7	G/B	CAN1LO	—	—

59

续表

接头	端子	线色	信号名称	作用或状况		参数（近似值）
F-10	A11	GR	油温传感器（OT）	点火开关 ON	油温传感器（OT）接头拔开	5V
	A12	GR/B	油温传感器接地（OTG）	—		0V
	A13	L	换挡电磁阀（S4）	以3挡、4挡或5挡行驶时		蓄电池电压
	A14	W	换挡电磁阀（S3）	以1挡、2挡或3挡行驶时		蓄电池电压
	A15	GR	换挡电磁阀（S2）	以1挡或5挡行驶时		蓄电池电压
	A16	G	换挡电磁阀（S1）	以1挡行驶时		蓄电池电压
	A17	G/R	CAN1HI	—		—
	A19	Y/B	换挡压力电磁阀接地（SLSG）	—		0V
	A21	Y	换挡压力电磁阀（SLS）	换挡时		（波形图，5V，2ms）
	A22	LG	换挡电磁阀（S5）	以倒挡行驶时		蓄电池电压
	A23	B	接地	—		0V
	A24	R	电源（蓄电池）"FR-15"	点火开关 OFF		蓄电池电压
F-11	B4	L	雪地模式开关	按下→放开		0V→蓄电池电压
	B5	LG/B	输出轴转速传感器（SP-）	车辆行驶时		（波形图，1V，20ms）

接头	端子	线色	信号名称	作用或状况		参数（近似值）
F-11	B6	L7B	输入轴转速传感器（NC1-）	发动机运转时		(波形图：1V，20ms)
	B7	G/L	空挡启动开关（B）	点火开关ON	"R挡"、"N挡"或"D挡"	蓄电池电压
	B8	G/O	空挡启动开关（A）	点火开关ON	"P挡"或"R挡"	蓄电池电压
	B13	L	手动换挡模式开关（降挡）	手动换挡模式（降挡）→其他挡位		0V→蓄电池电压
	B14	G	输出轴转速传感器（SP+）	点火开关ON		蓄电池电压
	B16	L	输入轴转速传感器（NC1+）	点火开关ON		蓄电池电压
	B19	G	空挡启动开关（PA）	点火开关ON	"P挡"或"N挡"	蓄电池电压
	B20	G/Y	空挡启动开关（C）	点火开关ON	"D挡"	蓄电池电压
	B21	W	手动换挡模式开关（升挡）	手动换挡模式（升挡）→其他挡位		0V→蓄电池电压
	B22	W/L	手动换挡模式开关	手动换挡模式→自动换挡模式		0V→蓄电池电压

1. 换挡和锁定控制

TCM根据驾驶员的要求、车辆行驶情况及发动机运转状况，再依据内部所设定条件，来控制换挡电磁阀S1、S2、S3、S4、S5，使自动变速箱能有最好的换挡挡位，TCM也会控制锁定控制电磁阀（SLU），使锁定离合器接合，达到最佳的扭力输出及省油的状态。

由锁定控制电磁阀（SLU）来控制锁定离合器的接合与分离，锁定离合器位于液力变矩器内，当锁定离合器接合时，能将液力变矩器内的油泵叶片（主动叶轮）和涡轮叶片（被动叶轮）连接，使得发动机的动力能完全传递至自动变速箱中，可以减少动力传递损失而提高燃料经济效应。

下列几种模式有助于达到最佳的行驶状况。

① 雪地模式　这个模式适用于较湿滑的道路状态下起步。

② 经济模式　经济模式适用于正常驾驶状况，在此模式下，换挡时间及锁定时间会作动在较低的车速范围内，如此可降低发动机的转速，以降低油耗及提高燃油经济性。

③ 驾驶员学习模式　在此模式下，换挡时间及锁定时间发生范围较经济模式高，如此可提升发动机所输出的动力。

④ 上坡模式　TCM会根据发动机扭力负荷和车速降低等变化，来判定是否在上坡状态，在此模式下，换挡时间会作动在较高的车速范围内，如此可减少换挡过度频繁的状况发生。

⑤ 下坡模式　TCM会根据车辆加速度和节气门全关状态等的变化，来判定是否在下坡状态，在此模式下，换挡时间会发生在较高的车速范围内，这样可适当利用发动机制动。

⑥ 高温模式　当ATF温度过高时，TCM会改变换挡时间来降低ATF的温度。

维修提示

须以手动方式按下雪地模式开关，雪地模式才激活。

其他的模式状态，都由TCM根据其他模块及各传感器输入的信号，自动调整适当的模式状态，才能达到最佳的行驶状况。

2. 手动换挡模式

只要将换挡杆从"D挡"挂入"手动换挡模式"，驾驶员即可依自己的喜好来选择挡位。但为避免自动变速箱损坏，TCM会根据车辆行驶情况及发动机运转状况，来适时控制自动变速箱的换挡。

（1）自动升挡控制　在手动换挡模式下，当车速超过TCM的设定又没有以手动方式升挡时，为避免发动机的转速过高，TCM会自动将自动变速箱升挡。

（2）自动降挡控制　在手动换挡模式下，当车速低于TCM的设定又没有以手动方式降挡时，为避免发动机的转速过低，TCM会自动将自动变速箱降挡，以提供适当的发动机动力输出。

（3）允许升挡控制　在手动换挡模式下，当车速符合TCM的设定时，如果想以手动方式升挡，TCM会允许以手动方式将自动变速箱升挡。

（4）允许降挡控制　在手动换挡模式下，当车速符合TCM的设定时，如果想以手动方式降挡，TCM会允许以手动方式将自动变速箱降挡。

3. 切断锁定控制

在降挡、怠速状态和低速行驶时踩下制动踏板，TCM会切断锁定离合器，以防止发动机转速过低而熄火。

4. N-D换挡控制

TCM会根据"N-D学习控制"学习C1离合器活塞的行程，来控制管路压力电磁阀（SLT），用最佳的管路油压来控制C1离合器，这样就能提升从N挡推向D挡的换挡品质。

N-D学习控制：TCM根据监测C1离合器的接合时间及转速的变化率，来学习C1离合器的油压控制及油压特性。

5. N-R换挡控制

TCM会根据"N-R学习控制"学习C2离合器活塞的行程，来控制换挡压力电磁阀（SLS），以最佳的油压来控制C2离合器，来提升从N挡推向R挡的换挡品质。

N-R学习控制：TCM通过监测C2离合器的接合时间及转速的变化率，来学习C2离合器的油压控制及油压特性。

6. 扭力减少控制

在N-D、N-R和1、2、3、4、5换挡时，TCM会通过CAN通信系统向ECM发送降低扭力的信号，降低发动机的扭力输出，以提高换挡的质量。

如果快速踩下油门踏板，TCM会通过CAN通信系统向ECM发送控制扭力信号，来控制发动机扭力输出的上限值，以避免在2挡换3挡、3挡换4挡和4挡换2挡降挡时，发动机产生空转的现象。

7. 诊断功能

TCM的诊断功能可以监测自动变速箱系统中的传感器、电磁阀和其他电子元件，如果系统中的这些元件发生故障，仪表板上的故障警示灯（SERV）会亮起，用来提醒驾驶员自动变速箱系统发生故障。当自动变速箱系统发生故障时，可通过原厂诊断仪器来检测元件有无故障、读取/删除DTC代码和读取数值。

8. 失效保护

如果自动变速箱系统中的电磁阀或传感器发生故障，TCM会向电子元件发送控制信号，并根据元件的损坏状况来控制自动变速箱，使自动变速箱保持在某种状态，让车辆能在最低状态下行驶。

9. 自适应

更换自动变速箱、TCM或软件升级后，要清除原有的自适应，并重新进行自适应。

（1）车辆温度升高　在执行自学习前，让自动变速箱达到正常工作温度，可使用怠速或慢速行驶的方式使ATF温度上升至65～100℃，可使用原厂诊断仪器来确定是否达到工作温度。

维修提示

注意：切勿使用失速方式来提高ATF的温度。

（2）N-D和N-R换挡学习　车辆在静止状态下，将挡位从N挡挂入R挡，并在R挡停留3s后再换回N挡，重复N-R-N方式换挡5次（图3-5）。同样重复上述的步骤N-D-N方式换挡5次。

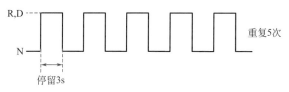

图3-5　N-D和N-R换挡学习

（3）升挡/降挡学习

维修图解

车辆在静止状态下将挡位挂入D挡，然后踩下油门踏板，让节气门开度保持在15%～20%下加速至4挡，当车辆超过50km/h后开始减速，直至车辆停止（车辆从50km/h以上到停止的时间必须大于14s）。重复上述的步骤5次（图3-6）。

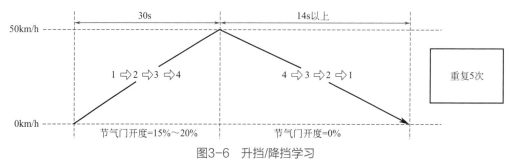

图3-6　升挡/降挡学习

维修提示

如果无法得知节气门开度是否保持在15%～20%，车辆需以30s内达到50km/h（挡位在D挡状态，节气门开度保持一定）的方法替代。

三、输入、输出轴转速传感器

1. 信号

这两个传感器所使用的是霍尔式传感器，所输出的信号是矩形脉冲信号，其信号的振幅不会随速度改变（图3-7），具有抗干扰性强和低速检测稳定性高的特性（霍尔式传感器最低可检测20r/min的速度信号，而磁感式最低可检测50r/min的速度信号）。

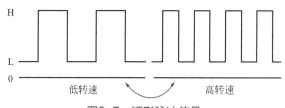

图3-7　矩形脉冲信号

2. 输入轴转速传感器（NC1）

维修图解

正对于C1离合器毂上（图3-8），主要用来检测C1离合器毂的转动速度，如此即可了解输入自动变速箱的转速是多少。

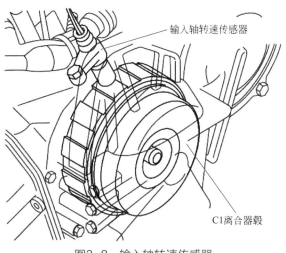

图3-8　输入轴转速传感器

3. 输出轴转速传感器（SP）

维修图解

正对于驻车齿轮上（图3-9），主要用来检测驻车齿轮的转动速度，如此即可了解自动变速箱所输出的转速是多少。

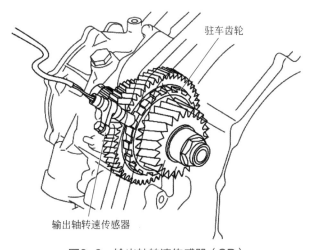

图3-9　输出轴转速传感器（SP）

四、油温传感器

油温传感器安装在液压控制阀体上（图3-10），主要作用是将自动变速箱内的ATF温度转换成电压信号传输至TCM。当ATF温度为10℃时，油温传感器的电阻值为5.8～7.09kΩ。当ATF温度为110℃时，油温传感器的电阻值为0.231～0.263kΩ。

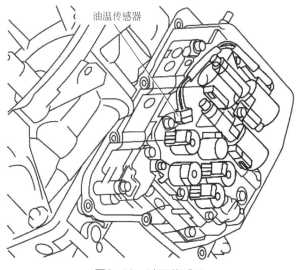

图3-10　油温传感器

五、换挡电磁阀

例如某自动变速箱共采用5个换挡电磁阀（图3-11），分别为S1、S2、S3、S4和S5电磁阀，这5个换挡电磁阀直接安装在液压控制阀体上。换挡电磁阀会依据TCM所提供的换挡信号，进行ON和OFF之间的切换动作，以达到挡位变换的目的。

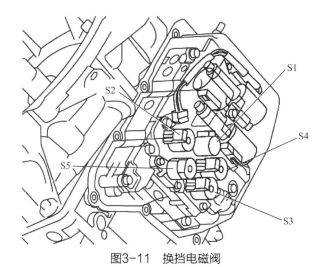

图3-11　换挡电磁阀

六、管路压力控制电磁阀

管路压力控制电磁阀（SLT）安装在液压控制阀体上（图3-12）。管路压力控制电磁阀接收到TCM的控制信号后，会控制线性节气流阀的压力以及离合器和制动带的管路压力，以减少换挡时的冲击。

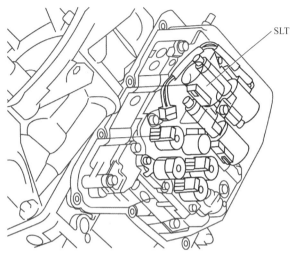

图3-12　管路压力控制电磁阀（SLT）

七、锁定控制电磁阀

锁定控制电磁阀（SLU）安装在液压控制阀体上（图3-13）。锁定控制电磁阀接收到TCM的控制信号后，用控制锁定控制电磁阀的管路油压，来控制锁定离合器，以减少换挡时的冲击。在1挡发动机制动时，锁定控制电磁阀会直接控制B3制动器。在2挡时，锁定控制电磁阀会直接控制B2制动器。

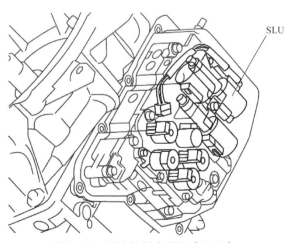

图3-13　锁定控制电磁阀（SLU）

维修图解

TCM控制锁定控制电磁阀的电流越高,管路中的油压就越高(图3-14)。

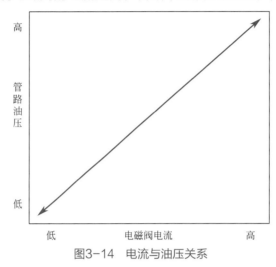

图3-14 电流与油压关系

八、换挡压力电磁阀

换挡压力电磁阀(SLS)安装在液压控制阀体上(图3-15)。换挡压力电磁阀接收到TCM的控制信号后,会控制换挡时元件的油压。在2挡、3挡和4挡时,换挡压力电磁阀会直接控制B1制动器。在5挡与倒挡时,换挡压力电磁阀会直接控制C2离合器。

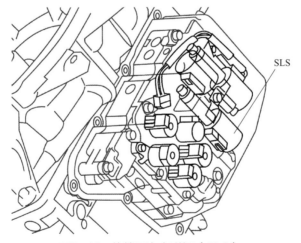

图3-15 换挡压力电磁阀(SLS)

维修图解

TCM控制换挡压力电磁阀的电流越低,管路中的油压就越高(图3-16)。

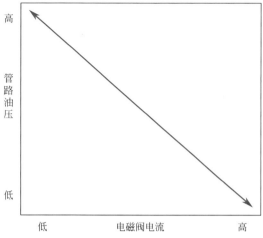

图3-16　TCM控制换挡压分电磁阀特性

九、空挡启动开关

空挡启动开关（NSW）安装于自动变速箱上（图3-17），主要功能是将换挡杆的位置信号传送至TCM中，使TCM能了解换挡杆目前在哪个挡位，其次是预防驾驶员失误启动，所以换挡杆需置于P挡或N挡发动机才能顺利被启动。

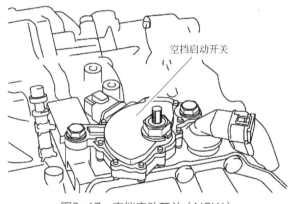

图3-17　空挡启动开关（NSW）

十、自动变速器控制单元故障诊断

1. 自动变速器控制单元电压过低或过高

（1）诊断说明　控制电磁阀总成中的变速器控制单元（TCM）持续监测点火电压电路上的系统电压。如果系统电压低于正常值，则可能无法正确操作变速器控制电磁阀。电磁阀工作不正常可能导致变速器运行不稳定，并由此导致内部损坏。故障诊断码长时间检测变速器控制单元电压过高或过低。

（2）故障描述

① 故障码P0562：系统电压过低。

② 故障码P0563：系统电压过高。

（3）运行故障诊断码的条件

故障码P0562：点火电压高于5.0V并且未降至低于2.0V。

发动机转速大于1200r/min。

故障码P0563：点火电压高于5.0V并且未降至低于2.0V。

（4）故障识别条件

故障码P0562：在12s的时间之内，变速器控制单元检测到点火电压低于或等于11V并持续4s。

故障码P0563：变速器控制单元检测到点火电压高于或等于18V并持续10s。

（5）自动变速器控制单元诊断出故障码时采取的自诊断操作

① 自动变速器控制单元关闭高电平侧驱动器。

② 自动变速器控制单元指令管路压力达到最大值。

③ 自动变速器控制单元冻结变速器自适应功能。

④ 自动变速器控制单元指令变矩器离合器（TCC）关闭。

⑤ 自动变速器控制单元将变速器限制至倒挡和5挡。

⑥ 自动变速器控制单元禁用触动式加挡/减挡功能。

⑦ 自动变速器控制单元禁用前进挡手动换挡。

⑧ 自动变速器控制单元请求降低发动机扭矩。

2. 自动变速器控制单元程序和存储器故障

（1）诊断说明　这是控制电磁阀总成的内部故障检测。该故障在控制电磁阀总成内部处理，不涉及外部电路。

（2）故障描述

故障码P0601：自动变速器控制单元只读存储器性能不良。

故障码P0602：自动变速器控制单元未编程。

故障码P0603：自动变速器控制单元长期存储器重新设置。

故障码P0604：自动变速器控制单元随机存取存储器性能不良。

故障码P062F：自动变速器控制单元长期存储器性能不良。

（3）运行故障诊断码的条件　点火电压在8.6～18.0V之间。

（4）故障码P0601识别条件　只读存储器（ROM）测试失败5次或5次以上。

（5）故障码P0602识别条件　自动变速器控制单元未编程，并且无法检测到启动程序。

（6）故障码P0603识别条件　自动变速器控制单元检测到存储器校验错误。

（7）故障码P0604识别条件　变速器控制单元检测到随机存取存储器（RAM）测试失败大于或等于5次。

（8）故障码P062F识别条件　变速器控制单元在断电期间检测到非易失性存储器故障。

（9）自动变速器控制单元诊断出故障码时采取的自诊断操作

① 自动变速器控制单元将变速器限制在倒挡和5挡运行。

② 自动变速器控制单元指令管路压力达到最大值。

③ 自动变速器控制单元强制变矩器离合器（TCC）关闭。
④ 自动变速器控制单元冻结变速器自适应功能。
⑤ 自动变速器控制单元指令高电平侧驱动器关闭。
⑥ 自动变速器控制单元禁用触动式加挡/减挡功能。
⑦ 自动变速器控制单元禁用前进挡手动换挡。

3. 自动变速器控制单元温度过高

（1）诊断说明　自动变速器控制单元（TCM）温度传感器位于控制电磁阀总成内，没有可维修零件。变速器控制单元监视变速器控制单元传感器是否有高温保护。

（2）故障描述　故障码P0634：自动变速器控制单元温度过高。

（3）运行故障诊断码的条件
① 点火电压高于或等于8.6V。
② 自动变速器控制单元温度在0~170℃之间持续大于或等于0.25s。
③ 未设置故障诊断码P0634。

（4）故障识别条件
① 变速器控制单元检测到内部温度高于或等于146℃持续5s。
② 点火电压高于或等于18V，且变速器控制单元检测到内部温度高于或等于50℃持续2s。

（5）自动变速器控制单元诊断出故障码时采取的自诊断操作
① 自动变速器控制单元将变速器限制在倒挡和5挡运行。
② 自动变速器控制单元禁用触动式加挡/减挡功能。
③ 自动变速器控制单元禁用前进挡手动换挡。
④ 自动变速器控制单元指令管路压力达到最大值。
⑤ 自动变速器控制单元关闭。

十一、典型的自动变速器控制单元

1. 自动变速器控制单元概述

自动变速器控制单元由机械电子控制系统模块调节。机械电子控制系统模块由液压单元和电子模块组成。液压单元是变速箱控制系统的换挡机构。电子模块包含EGS（电子变速箱控制系统）控制单元、传感器以及变速箱内的电气连接。

2. 自动变速器控制单元工作原理

自动变速器控制单元处理变速箱、发动机和车辆方面的信号。控制程序根据接收的数据和存储的数据计算出：
① 正确的挡位；
② 对于挡位调节最佳的压力过程；
③ 液压压力与需传递的扭矩的匹配。

输入数据在PT-CAN上传递。输入数据有驾驶员希望值（通过选挡按钮的选挡杆位置）、发动机转速、发动机温度和喷射持续时间等。

出于可用性考虑，驾驶员希望值在PT-CAN上并附加在PT-CAN2上传递。

电子模块中的传感器提供关于变速箱输入转速、变速箱输出转速和变速箱油温的输入数据。

自动变速器控制单元直接控制液压单元中的阀门。自动变速器控制单元见图3-18。

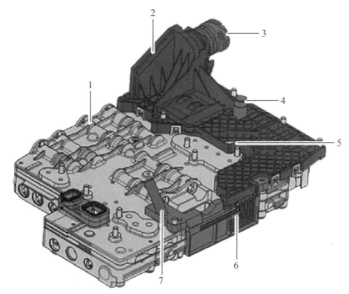

图3-18　自动变速器控制单元

1—液压单元；2—电子模块；3—变速箱插头；4—变速箱输出转速传感器；5—变速箱油温传感器；6—用于识别驻车锁止器位置的传感器；7—变速箱输入转速传感器

3. 自动变速器控制单元功能

（1）行驶方向切换的存储功能　驾驶员希望值从选挡杆位置"D"到"R"或从"R"到"D"。

① 如果低于规定的行驶速度（比如低于5km/h），驾驶员意愿由自动变速器控制单元（EGS）实施。

② 在规定的速度范围内（比如5～10km/h之间），EGS挂入选挡杆位置"N"。位置显示切换到驾驶员意愿"D"或"R"，存储驾驶员希望值。如果车速在1s内低于5km/h，则EGS转换驾驶员希望值"D"或"R"。如果不低于这个车速，则保留选挡杆位置"N"并且显示切换到"N"。

③ 高于规定的行驶速度（比如10km/h以上），EGS挂入选挡杆位置"N"。

（2）驻车锁止器的存储功能　驾驶员希望值选挡杆位置"P"。

① 低于规定的行驶速度（比如2km/h以下），EGS挂入选挡杆位置"P"。

② 在规定的速度范围内（比如2～5km/h之间），保持挂入当前的变速箱挡位，存储驾驶员希望值。如果车速在1s内低于2km/h，则EGS挂入选挡杆位置"P"。

③ 高于规定的行驶速度（比如5km/h以上），驾驶员意愿不被接受，保持挂入当前的变速箱挡位。显示以下检查控制信息："变速箱挡位P只能在静止状态下挂入"。

（3）选挡杆位置"N"的保持时间　低于规定的行驶速度（比如2km/h以下），并且发动机关闭以及挂入选挡杆位置"N"（车内的识别传感器），选挡杆位置"N"开始保持约

30min。在这个由EGS发送的信息期间,功能指示灯保持接通并且在换挡途中"N"亮起。保持时间结束时显示灯闪烁。约10s后电子变速箱控制系统(EGS)挂入选挡杆位置"P"(自动P)。

如果在保持时间内移动选挡杆,则30min的选挡杆位置"N"的保持时间从头重新开始。

(4)自动变速器控制单元内部电路
① EGS通过一个插头与车载网络连接。
② EGS是PT-CAN和PT-CAN2上的总线用户。
③ 便捷进入及启动系统(CAS)通过总线端KL.15WUP为EGS供电。
④ 接线盒中的配电器通过总线端KL.30B为EGS控制单元供电。

自动变速器控制单元内部电路见图3-19,其参数见表3-2。

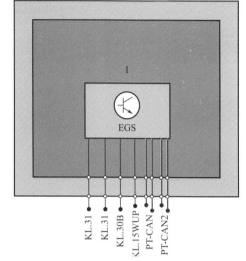

图3-19 自动变速器控制单元内部电路
1—自动变速器控制单元(EGS)

表3-2 EGS参数

项目/说明	参数
供电电压	9～16V
温度范围	−40～143℃

与EGS的通信失效时,进行标准检测(整体测试模块)。存在某个控制单元内部故障时,预计将出现以下情况:
① EGS内出现故障代码存储记录;
② 组合仪表中的可变报警灯和指示灯亮起。

(5)连接器端子和针脚 见表3-3、表3-4、图3-20。

表3-3 EGS连接器端子和针脚

号码/连接器端子	X-针,颜色	名称
X8500	16-针,黑色	部件插头电子变速箱控制系统

表3-4 插头上的线脚布置(X8500)

线脚Pin	类型	名称/信号类型	插座/测量说明
1	—	未被占用	
2	—	未被占用	
3	E/A	PT-CAN总线信号	总线连接
4	E/A	PT-CAN总线信号	总线连接

续表

线脚 Pin	类型	名称/信号类型	插座/测量说明
5	E/A	PT-CAN 总线信号	总线连接
6	E/A	PT-CAN 总线信号	总线连接
7	—	未被占用	
8	—	未被占用	
9	E	唤醒信号 总线端 KL.15	连接器唤醒信号 总线端 KL.15
10	—	未被占用	
11	—	未被占用	
12	—	未被占用	
13	E	电源 总线端 KL.30B	接线盒
14	M	接地	接地点
15	—	未被占用	
16	—	未被占用	

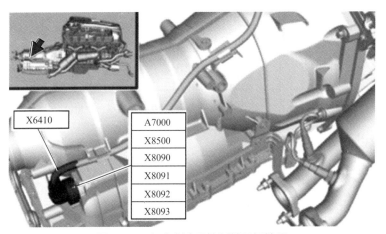

图3-20 自动变速器控制单元插接器

第二节 自动变速器控制系统执行器

一、概述

TCM接收到来自输出轴转速传感器、加速踏板位置传感器（节气门位置传感器）或变速箱挡位开关的信号，然后通过电磁阀进行换挡控制或锁止控制。自动变速器工作过程见图3-21。

在自动变速器系统工作过程中,输入输出信号必须正确而稳定。自动变速器系统必须在良好的条件下工作,没有阀门卡死或电磁阀故障等问题。

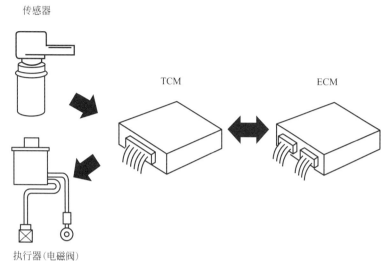

图3-21　自动变速器工作过程

二、离合器压力控制电磁阀故障

1. 诊断说明

自动变速器离合器(TCC)压力控制电磁阀是控制电磁阀总成的一部分,没有可维修零件。变矩器离合器压力控制电磁阀是一个常低压力控制电磁阀。变矩器离合器压力控制电磁阀向下阀体中的变矩器离合器调节阀和油泵中的变矩器离合器控制阀提供变速器油。当车辆工作条件满足接合变矩器离合器的条件后,变速器控制单元(TCM)将增加变矩器离合器压力控制电磁阀电流,从而提高压力以便将变矩器离合器控制阀移动到接合位置。待变矩器离合器完全接合后,发动机与变速器直接联动。变速器控制单元(TCM)通过降低电流松开变矩器离合器。接合压力的降低使变矩器离合器控制阀移至解锁位置。变速器控制单元根据来自输入轴转速传感器(ISS)的转速信号以及由发动机控制单元(ECM)提供的发动机转速来计算变矩器转差速度。

2. 故障描述

变矩器锁止离合器,卡滞在分离位置。故障码及其描述见表3-5。

表3-5　压力控制电磁阀故障

故障码(DTC)	故障描述/说明
P0741	自动变速器离合器(TCC)系统卡在分离位置
P0742	自动变速器离合器(TCC)系统卡在接合位置

3. 故障识别条件

（1）故障码P0741　自动变速器离合器压力指令为500kPa或更高并持续2s。
自动变速器控制单元检测到变矩器离合器滑差为130r/min或更高并持续5s。
上述情况必须发生2次。

（2）故障码P0742　当指令自动变速器离合器分离时，变速器控制单元检测到变矩器离合器滑差在-50～+30r/min之间并持续1s或更长时间。
上述情况必须发生8次。

4. 故障原因

① 控制电磁阀总成故障。
② 自动变速器变矩器离合器压力控制电磁阀卡在断开位置或泄漏。
③ 自动变速器变矩器离合器压力控制电磁阀卡在接通位置。
④ 阀体过滤板总成开裂或衬垫密封件损坏，造成控制信号供油泄漏。

5. 自动变速器控制单元诊断出故障码时采取的自诊断操作

（1）故障码P0741
① 变速器控制单元禁止挂6挡（6挡自动变速器）。
② 变速器控制单元开始"热模式"换挡模式。
③ 变速器控制单元指令变矩器离合器分离。

（2）故障码P0742
① 变速器控制单元开始"热模式"换挡模式。
② 变速器控制单元冻结变速器自适应功能。
③ 变速器控制单元指令变矩器离合器接合。
④ 变速器控制单元禁用空挡怠速。

三、换挡电磁阀故障

1. 诊断说明

换挡电磁阀1是控制电磁阀总成的一部分，没有可维修部件。变速器控制模块（TCM）通过打开或关闭低电平侧驱动器来操作该电磁阀。换挡电磁阀1被指令断开时，柱塞促使测量球抵住执行器进油量限制座，从而阻挡所有流动并通过排气口排出的现有压力。换挡电磁阀1被指令接通时，内部柱塞移动，使测量阀脱离执行器进油量限制座，进而抵住排气座，产生信号油液压力。信号油压作用于离合器选择阀2来克服阀弹簧力，使其移动至接合位置。根据离合器选择阀2的位置，R1/4-5-6挡调节阀的油液压力通过离合器选择阀2，流向低速挡和倒挡离合器或4-5-6挡离合器。

2. 故障描述

如果定位阀卡在供压位置中，说明存在某个故障，在发动机启动时进行一次识别。此外必须满足总线端条件，且驻车锁止传感器或传感器供电不得存在电气故障。发动机转速必须能在CAN上无故障地接收到。换挡阀故障码及其说明见表3-6。

表3-6 换挡阀故障码及其说明

故障码（DTC）	故障描述/说明
P0751	换挡电磁阀1性能，卡在断开位置
P0752	换挡电磁阀1性能，卡在接通位置

3. 故障识别条件

（1）故障码P0751

① 指令挡位为1挡。

② 变速器控制单元检测到传动比为1.37～1.52。

③ 变速器挡位打滑速度等于或高于400r/min并持续2s。

上述情况必须发生8次。

（2）故障码P0752

① 指令挡位是3挡。

② 变速器已换至1挡或2挡。

③ 挡位打滑速度等于或高于400r/min并持续1.5s。

④ 如果存在上述情况，且检测到4.35～4.81的传动比并持续1.5s，则变速器控制单元指令4挡。

上述情况必须发生5次。

4. 故障原因

（1）可能的故障原因是机械电子控制系统损坏。

（2）离合器选择阀孔塞较小。塞应该为安装在孔中的阀。

（3）单向球阀#1丢失、损坏或变形。

（4）定位损坏或泄漏的单向球阀#1。

（5）离合器选择阀卡住碎屑、沉淀物以及黏结或孔划伤。

（6）低速挡和倒挡以及4-5-6挡离合器调节阀因碎屑、沉淀物、黏结或划伤孔而卡滞或卡住。

（7）油道或节流孔被碎屑阻塞。

（8）输出行星齿轮架小齿轮销过高或过低。

（9）由于换挡电磁阀1卡在断开位置或泄漏而未加压。

（10）由于换挡电磁阀1卡在接通位置而未释放压力。

（11）阀体过滤板总成开裂、阻塞或衬垫密封件损坏，造成控制信号供油泄漏。

5. 自动变速器控制单元诊断出故障码时采取的自诊断操作

（1）故障码P0751

① 变速器控制单元禁止挂1挡。

② 变速器控制单元禁用空挡怠速。

（2）故障码P0752

① 变速器控制单元将变速器限制为2挡和倒挡。

② 变速器控制单元禁用触动式加挡/减挡功能。
③ 变速器控制单元禁用前进挡手动换挡。
④ 变速器控制单元停用空挡怠速。
⑤ 变速器控制单元冻结适应功能。
⑥ 变速器控制单元指令管路压力达到最大值。
⑦ 如果变速器置于前进挡且输出轴转速小于1350r/min，则变速器控制单元指令2挡，或如果输出轴转速大于或等于1350r/min，则指令空挡。

四、加减挡开关电路故障

1. 诊断说明

换挡杆被移至行驶挡左侧时，变速器将进入运动模式。换挡杆在此位置时，如果向前或向后推换挡杆，变速器将进入手动模式。这允许操作者通过向前推换挡杆进行升挡，向后推换挡杆进行降挡。车身控制模块（BCM）向换挡控制器提供点火电路和信号电路。换挡控制器具有连接至电阻器列阵的霍尔效应开关。当换挡杆被置于行驶挡左侧时，电阻网络中产生电压降。向前或向后推换挡杆时，电阻网络中会产生相应的电压降。电压降由车身控制模块监控。车身控制模块（BCM）将该请求发送给自动变速器控制单元，以加挡或减挡。如果发动机受到超速影响，则发动机控制模块不允许减挡。

2. 故障描述

表3-7为加减挡开关电路故障描述。

表3-7 加减挡开关电路故障描述

故障码（DTC）	故障描述/说明
P0815	加挡开关电路
P0816	减挡开关电路
P0826	加挡和减挡开关电路

3. 故障识别条件

（1）故障码P0815
① 换挡杆置于驻车挡（P）或空挡（N）时，自动变速器控制单元（TCM）检测到加挡请求持续1s。
② 换挡杆置于前进挡位时，自动变速器控制单元检测到加挡请求持续10min。

（2）故障码P0816
① 换挡杆置于驻车挡（P）或空挡（N）时，自动变速器控制单元检测到减挡请求持续1s。
② 换挡杆置于前进挡位时，自动变速器控制单元检测到减挡请求持续10min。

（3）故障码P0826 自动变速器控制单元检测到触动式加挡/减挡信号电路上的无效电

压持续1min。

4. 故障原因

主要的故障原因可能是变速器换挡杆和车身控制单元问题。

具体电路检测如下。

① 将点火开关置于"OFF"（关闭）位置，断开变速器换挡杆处的线束连接器。

② 测试车辆线束连接器搭铁电路端子2和搭铁之间的电阻是否小于10Ω。

如果等于或大于10Ω，测试搭铁电路端对端的电阻是否小于2Ω。如果为2Ω或更大，则检修电路中的开路/电阻过大。如果小于2Ω，则检修搭铁连接中的开路/电阻过大。

如果小于10Ω，则执行以下步骤。

③ 将点火开关置于ON（打开）位置。

④ 测试信号电路端子3和搭铁之间的车辆线束连接器的电压是否为11～13V。

如果不在11～13V之间，将点火开关置于OFF（关闭）位置，断开车身控制单元处的连接器；测试信号电路和搭铁之间的电阻是否为∞。如果电阻不为∞，则检修电路对搭铁短路的故障。

如果电阻为∞，则执行以下测试：

测试信号电路的端到端电阻是否小于2Ω。如果为2Ω或更大，则检修电路中的开路/电阻过大。如果小于2Ω，则更换车身控制单元。

如果在11～13V之间，则执行以下步骤。

⑤ 将点火开关置于OFF（关闭）位置，连接变速器换挡杆处的线束连接器，再将点火开关置于ON（打开）位置。

⑥ 变速器换挡杆连接器信号电路端子3和搭铁之间的电压按照下列条件进行测试：

2.0～4.6V，向前推换挡杆，将换挡杆置于行驶挡；

5.1～7.3V，向后推换挡杆，将换挡杆置于行驶挡；

8.0～10.6V，将换挡杆置于行驶挡；

11～13V，将换挡杆置于行驶挡。

如果电压值不正确，更换变速器换挡杆。如果电压值正确，则更换车身控制单元。

5. 自动变速器控制单元诊断出故障码时采取的自诊断操作

自动变速器控制单元禁用触动式加挡/减挡功能。

五、变速器油压分开关故障

1. 诊断说明

变速器油压力（TFP）开关1是控制电磁阀总成的一部分，没有可维修零件。变速器控制模块（TCM）向变速器油压力开关1提供信号电路。变速器油压力开关1存在内部壳体搭铁。变速器油压力开关1常闭或低电平。当变速器油压力开关1上存在油压时，该开关打开或高电平。变速器控制模块监测变速器油压力开关1，以确定3～5挡、倒挡离合器调节阀的位置。当3～5挡、倒挡离合器指令为分离时，变速器油压力开关1上存在压力。当3～5挡、倒挡离合器被指令接合时，3～5挡、倒挡离合器调节阀移动，并且提供至变速器油压力开关1的压力通过3～5挡、倒挡离合器调节阀释放。

2. 故障描述

由于变速器油中的常规碎屑导致变速器油压力开关故障诊断码间歇性设置，变速器油压力开关可能会产生故障。由于开关输出用于换挡自适应压力并且不会引起变速器故障，除非开关故障长时间持续存在，所以这类故障驾驶员不一定就能马上发现行车异常表现。油压开关电路故障描述见表3-8。

表3-8 油压开关电路故障描述

故障码（DTC）	故障描述 / 说明
P0842	变速器油压力开关1电路电压过低
P0843	变速器油压力开关1电路电压过高

3. 故障识别条件

（1）故障码P0842 当3～5挡、倒挡离合器从高压力状态转至低压力状态后，变速器控制单元检测到变速器油压力开关1信号保持低电压。变速器控制模块对每次事件进行计数。累计42次计数后，设置故障诊断码。

（2）故障码P0843 当3～5挡、倒挡离合器从低压力状态转至高压力状态后，变速器控制单元检测到变速器油压力开关1信号保持高电压。变速器控制模块对每次事件进行计数。累计57次计数后，设置故障诊断码。

4. 自动变速器控制单元诊断出故障码时采取的自诊断操作

自动变速器控制单元冻结3～5挡、倒挡离合器的变速器自适应功能。

5. 故障处理措施

检查控制电磁阀总成、油路板和隔板上没有碎屑且节流孔未阻塞，必要时进行清洁或更换。

六、驻车挡/空挡位置开关故障

1. 诊断说明

变速器手动换挡轴开关总成，又称为内部模式开关（IMS），是一个滑动触点开关，安装在变速器壳体内的手动换挡轴上。驻车挡/空挡位置开关集成在内部模式开关中，且通过短线束连接到变速器控制单元（TCM）引线框架上。驻车挡/空挡信号电路仅是将变速器控制单元作为经过的连接器使用。变速器控制单元向驻车挡/空挡位置开关提供低电平参考电压电路。

驻车挡/空挡信号从驻车挡/空挡位置开关直接发送至发动机控制单元（ECM），以启动发动机。

2. 故障描述

表3-9为驻车挡/空挡位置开关电路故障描述。

表3-9 驻车挡/空挡位置开关电路故障描述

故障码（DTC）	故障描述 / 说明
P0850	驻车挡 / 空挡位置开关电路
P0851	驻车挡 / 空挡位置开关电路电压低
P0852	驻车挡 / 空挡位置开关电路电压高

3. 故障原因

故障可能的原因：
① 控制电磁阀总成故障。
② 发动机控制单元故障。
③ 自动变速器控制内部模式开关故障。

4. 故障识别条件

（1）故障码 P0850、P0851
① 当内部模式开关报告挂前进挡时，发动机控制单元检测到驻车挡/空挡开关信号电压为0V（驻车挡/空挡）。
② 节气门开度为10%或更大。
③ 发动机扭矩等于或大于75N·m。
④ 车速大于或等于10km/h。
上述情况必须持续2s。
（2）故障码 P0852　当内部模式开关报告挂驻车挡/空挡已持续0.2s时，发动机控制单元检测到驻车挡/空挡开关信号电压为12V（挂挡）。

七、管路压力控制电磁阀故障

1. 诊断说明

管路压力控制电磁阀是控制电磁阀总成的一部分，没有可维修部件。常对管路压力控制电磁阀进行调节，并将管路压力控制电磁阀油压直接导入至压力调节阀。管路压力控制电磁阀压力增大，将使变速器管路压力增大。变速器控制单元（TCM）通过控制低电平侧驱动器的打开和关闭时间长短来改变至管路压力控制电磁阀的电流。缩短打开时间，降低至管路压力控制电磁阀的电流，通过关闭电磁阀排放口提高了管路压力控制电磁阀油压。增加提供给管路压力控制电磁阀的电流，会通过打开电磁阀排气口来降低管路压力控制电磁阀油压。变速器控制单元通过高电平侧驱动器向管路压力控制电磁阀供电。高电平侧驱动器保护电路和部件不会出现过多电流。如果检测到过多的电流，则高电平侧驱动器会关闭。当故障被修复时，高电平侧驱动器将复位。

2. 故障描述

表3-10为管路压力控制电磁阀故障描述。

表3-10　管路压力控制电磁阀故障描述

故障码（DTC）	故障描述/说明
P0961	管路压力控制电磁阀性能
P0962	管路压力控制电磁阀控制电路电压过低
P0963	管路压力控制电磁阀控制电路电压过高

3. 故障原因

故障可能的原因：机械电子控制系统、控制电磁阀故障。

4. 故障识别条件

（1）故障码P0961　如果测量到管路压力控制阀上的电流有故障，则记录该故障。如果自动变速器控制单元将与低压侧的内部通信识别为错误，也会出现该故障。

变速器控制单元检测到管路压力控制电磁阀电路的内部电气故障，测得的管路压力控制电磁阀电流与指令的管路压力控制电磁阀电流不相等，并持续5s。

（2）故障码P0962　当压力控制器低端识别出对地短路时，存在故障。如果识别到电子压力控制阀负极侧上的电压低于2.4 V，也存在对地短路故障和电子压力控制阀负极侧故障。

变速器控制单元检测到管路压力控制电磁阀控制电路对搭铁短路，并持续2s。

（3）故障码P0963　如果在压力调节器的低压侧识别到对正极短路，则存在故障。如果识别到管路压力控制阀信号导线和蓄电池电压之间短路，则也会记录该故障。

变速器控制单元检测到管路压力控制电磁阀控制电路开路或对电压短路，并持续5s。

5. 自动变速器控制单元诊断出故障码时采取的自诊断操作

（1）故障码P0961或P0963
① 变速器控制单元冻结变速器自适应功能。
② 变速器控制单元指令管路压力达到最大值。

（2）故障码P0962
① 自动变速器控制单元将变速器限制为倒挡和4挡。
② 自动变速器控制单元禁用变矩器离合器（TCC）。
③ 自动变速器控制单元指令管路压力达到最大值。
④ 自动变速器控制单元冻结变速器自适应功能。
⑤ 自动变速器控制单元关闭高电平侧驱动器。
⑥ 自动变速器控制单元禁用空挡怠速。
⑦ 自动变速器控制单元禁用触动式加挡/减挡功能。
⑧ 自动变速器控制单元禁用前进挡手动换挡。
⑨ 自动变速器控制单元启用转矩管理。

第四章

底盘控制系统

第一节　一体式底盘管理系统控制单元

一、概述

一体式底盘管理系统（ICM）主要有两个目的，一是提高各个动态行驶系统的性能；二是改善各个动态行驶系统的共同作用。

在每一种行驶状况下，现已能够选择并触发最合适的执行器，以实现希望对动态行驶施加的影响。当然，同时使用多个执行器也可能有益。这方面的例子可能有车轮各自的制动干预或通过一体化主动转向控制的叠加转向角。ICM控制单元的第一项任务是为整车中的系统提供信号形式的动态行驶状态。因此，以前单独安装的DSC传感器已经集成到ICM控制单元中。于是全部系统都能够使用由ICM控制单元提供的相同信息。结果是，尤其在系统已联网时能够降低故障发生概率并提高系统的可靠性。

用动态行驶开关操作动态行驶控制。有四个可选程序可供动态行驶控制系统使用：
① 舒适模式；
② 标准模式；
③ 运动模式；
④ SPORT+模式。

将描述下列部件：
① ICM控制单元；
② 高度传感器；
③ 中央控制台操作设备；
④ 伺服转向助力系统阀门；
⑤ 电控节流孔阀门。

二、ICM控制单元

在ICM控制单元中，安装了一些原来被单独布置在DSC传感器内的传感器。利用这些传感器，ICM控制单元可计算出一些对于车辆的动态行驶状态至关重要的量：

① 纵向加速度和纵向上的车辆倾斜；
② 横向加速度和横向上的车辆倾斜；
③ 偏航角速度。

传感器信号首先与传感器外壳有关。动态行驶系统需要这些量，但却是以车辆的坐标系为基准。ICM控制单元将进行必要的换算。为此所需的修正值将通过ICM控制单元调试时所作的匹配进行确定并保存。

在更换了ICM控制单元之后，需要对所集成的传感器进行匹配。匹配必须在车辆位于纵向和横向上均为水平的底面上的情况下进行。这时，总线端15必须接通。ICM控制单元内部结构见图4-1。

图4-1　ICM控制单元内部结构（参见附录彩图）
1—冗余横向加速度传感器；2—纵向和横向加速度传感器；3—伺服转向助力系统阀和ECO阀的末级；4—FlexRay控制器；5—微处理器；6—偏航角速度传感器；7—冗余偏航角速度传感器

ICM控制单元有标准型和高级版本。高级版本的区别在于：

① 更大的微处理器（是计算一体化主动转向控制和自适应巡航控制系统的调节量所需的）；
② 冗余横向加速度和偏航角速度传感器（一体化主动转向控制的安全要求）。

ICM控制单元布置在车辆重心附近，见图4-2。

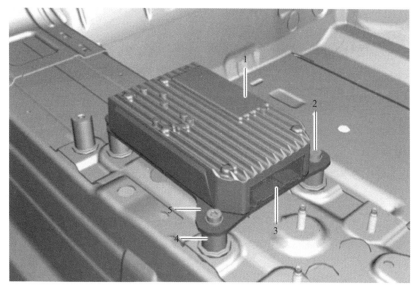

图4-2　ICM控制单元

1—壳体上部件；2—固定螺栓；3—54芯插头；4—隔套；5—壳体下部件

该控制单元利用四个铝合金螺栓和隔套固定在变速箱传动轴盖板上。该固定方式必须令控制单元与车身的连接没有间隙。否则，便可能引起控制单元外壳振动，从而严重影响集成式传感器的工作。该固定系统的第二项任务是将热量从控制单元传导到车身上。

第二节　电动机械式助力转向系统及其控制单元

一、电动机械式助力转向系统

1. 概述

电动机械式助力转向系统（EPS）的转向助力方式有别于传统型液压助力转向机构。EPS通过伺服电动机而不是通过液压泵给驾驶员提供支持。伺服电动机仅在执行转向运动时激活，因此转向系统在直线行驶时不会消耗功率。

电动机械式助力转向系统具有下列优点：

① 驻车时转向力较低。
② 集成车速感应式助力转向系统（电子伺服转向助力）。
③ 转向时冲击较低以及方向盘旋转振动较低。
④ 方向盘主动复位。
⑤ 节约燃油达到1%～2%，因此可降低CO_2排放。

⑥ 不需要液压油。

电动机械式助力转向系统也可作为内置有电子伺服转向助力的可变运动型转向系统。与标准型EPS相比，转向器传动比更加直接，因此所需的转向角更小，这样就使得车辆的反应更加直接，实现很高的灵敏性。例如可在采取避让措施时发挥作用。

维修图解

通过随行程变化的齿条啮合几何实现可变转向器传动比。当转向器处在中间位置时，转向系统能保持稳定直线行驶。当转向角偏离中间位置时，传动比就会逐渐变得更加直接。转向系统见图4-3。

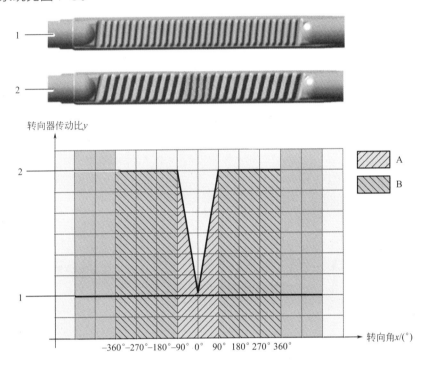

图4-3 转向系统（参见附录彩图）
1—EPS标准型齿条（恒定不变的啮合几何）；2—可变运动型转向系统齿条（可变啮合几何）；
A—可变运动型转向系统的转向器传动比更加间接；B—可变运动型转向系统的转向器传动比更加直接

2. 组成部件

电动机械式助力转向系统由EPS单元和具有转向阻力矩传感器的机械式转向器构成。以下将描述最为重要的电气部件。

（1）EPS单元　EPS单元由下列部件组成：EPS控制单元；具有电动机位置传感器的伺服电动机。

EPS控制单元是电动机械式助力转向系统中的一个部件。EPS控制单元通过两个插头与车载网络连接。转向阻力矩传感器通过另一个插头与EPS控制单元连接。

在EPS控制单元中存储了多条伺服助力装置、主动式方向盘复位以及减震特性的特性线。根据输入端参数计算出的数值与相应的特性线一起得出必要的转向助力。

EPS单元（图4-4）由发动机室配电器通过总线端KL.30供电。乘客侧前部配电器通过总线端15N为EPS控制单元供电。

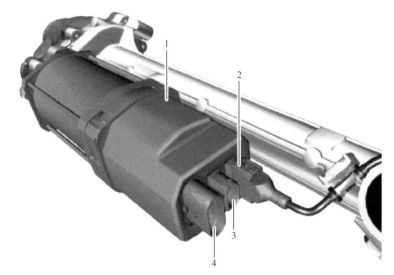

图4-4　EPS单元（参见附录彩图）

1—具有伺服电动机的EPS单元和EPS控制单元；2—转向阻力矩传感器的插头，6针（使用了5个线脚）；
3—车载网络的插头，6针（使用了3个线脚）；4—电源插头，2芯

（2）带电动机位置传感器的伺服电动机　此伺服电动机是一个无集流环的同步直流电动机（永久磁铁）。此伺服电动机驱动减速器，于是伺服电动机的功率传递到齿条上。减速器由一个皮带传动机构和一个滚珠丝杠传动机构组成。减速器的传动比大约为2.4。

控制单元电路板上有两个电动机位置传感器（冗余），两个传感器利用霍尔效应原理工作（带凸极转子的霍尔传感器）。磁极转子固定于发动机轴上。电动机位置传感器1可以获知伺服电动机的位置。此传感器提供一个正弦波信号和一个余弦信号，根据这些信号确定转子的位置。电动机位置传感器2用于监控（可信度）。两个传感器都由EPS控制单元供电。

电动机位置传感器同时也作为转向角传感器使用。并非通过EPS从方向盘上的一个独立传感器检测转向角，而是根据EPS单元的电动机转子位置角反算出方向盘的转向角。EPS通过FlexRay将齿条的位置提供给ICM控制单元。这时EPS将根据伺服电动机的当前转子位置以及从零位置（相当于直线行驶）开始的完整转子旋转圈数算出齿条的绝对位置。

转向角传感器通过专用CAN总线连接于一体式底盘管理系统（ICM）。

ICM控制单元可根据该位置，除了其他参数值之外还利用所保存的参数（相对于方向盘转向角的齿条行程）算出方向盘转向角，并且通过FlexRay将其发送出去。DSC也可使用该方向盘转向角作为内部调节模式的参考变量。

EPS的齿条绝对值可能会丢失，例如当总线端KL.30在编程之后丢失，然后ICM和EPS可以相互作用，通过以下两种不同的方式来测定齿条的绝对位置。

① 在大约20km/h以下速度行车期间通过内置的自适应功能自动测定。

② 在停止状态下采用从极限位置到极限位置的转向方式（例如直线行驶位置、左侧极限位置、右侧极限位置、直线行驶位置）。

（3）转向阻力矩传感器　转向阻力矩传感器检测驾驶员所施加的转向阻力矩。工作范

围为方向盘从极限位置到极限位置转动三圈。

扭力杆在转向阻力矩作用下扭转，并且将转向阻力矩传递给小齿轮。转向阻力矩传感器的功能基于磁阻原理。为充分使用这种效果，当磁场发生变化时，将得到电阻变化。从磁阻元件中会产生不同的电压信号，将这些信号导入EPS控制单元。通过这些信息EPS控制单元可以计算得到不断升高的转向阻力扭矩。

（4）有功能的EPS联网　见图4-5。

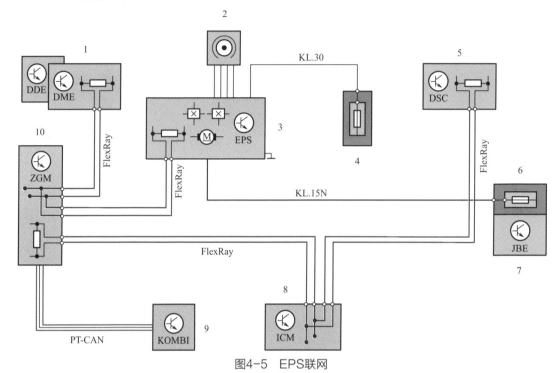

图4-5　EPS联网

1—发动机控制单元；2—转向阻力矩传感器；3—具有伺服电动机和电动机位置传感器的电动机械式助力转向系统（EPS）；4—发动机室配电器；5—动态稳定控制系统（DSC）；6—前部配电器；7—接线盒电子装置（JBE）；8—一体式底盘管理系统（ICM）；9—组合仪表（KOMBI）；10—中央网关模块（ZGM）

（5）一体式底盘管理系统（ICM）　ICM控制单元负责集中准备信号，并且在车辆中分配所形成的信号。除了诸如纵向加速度、横向加速度和偏航角速度之类的行驶动态变量之外，还会形成行驶速度作为参考。为此主要使用DSC所提供的车轮转速。可按照运动关系，根据EPS算出的齿条绝对位置计算不同的转向角。其中主要包括：

① 方向盘上的转向角；
② 前桥上的转向角；
③ 绝对转向角。

将纠正了偏差的所有输出信号发送出去，采用适当的监测措施检查所有输出信号的正确性。例如可利用根据偏航角速度算出的转向角检查转向角的可信度。

在ICM中还整合了其他一些由控制单元负责其数据处理和计算的功能。

（6）发动机控制单元　发动机控制单元提供发动机正在运转的信号，需要将其作为转向助力的主要接通条件。这样转向系统的表现就会像常见的液压转向系统一样。

这样就比单纯的液压转向助力系统更加安全：在行车期间发动机熄火，或者通过启动/停止按钮关闭，一直保持转向助力激活，直到车辆静止后才关闭。

（7）组合仪表（KOMBI） 当电动机械式助力转向系统（EPS）失效时，在液晶显示器上出现一个黄色检查控制图标。同时组合仪表中的固定指示灯亮起。

检查控制信息亮起的可能原因有：
① EPS控制单元、一个集成式传感器或伺服电动机中有故障；
② EPS过热保护；
③ 低电压或过压；
④ 对转向助力有影响的外部信号失效；
⑤ 转向系统的初始化设置有故障或不完全（例如学习极限位置）。

3. 系统功能

描述了电动机械式助力转向系统（EPS）的下列系统功能：伺服转向助力系统、主动式转向系统复位、主动车道反馈信号、过电压识别和低电压识别、过热保护、过电流识别、作为软件功能的极限位置。

（1）伺服转向助力系统 在这套系统中已经集成有伺服转向助力系统以及与车速有关的转向助力电子调节装置（设码记录，当装配有特种装备SA情况下）。EPS控制单元根据不同的输入端参数确定出必要的转向助力。

在控制单元中存储了转向助力和减震特性的特性线。根据输入端参数计算出的数值与特性线一起得出必要的转向助力。伺服电动机和减速器产生转向助力。

转向助力的重要输入端参数有行驶速度、通过转向阻力矩传感器的驾驶员侧转向阻力矩、当前车载网络电压、工作温度。

（2）主动式转向系统复位 在通过弯道后一旦驾驶员不再施加转向阻力矩，主动式转向系统复位就将转向系统重新引导回直线行驶位置。主动式转向系统复位确保转向系统在整个工作温度上平和地返回。在低温时从极限位置的主动式转向系统复位尤其重要。由此可提高操作舒适性。

在主动式转向系统复位中集成有抗摇晃的阻尼减震器。

（3）主动车道反馈信号 车道信息包含摩擦系数或特性变化。EPS通过转向阻力矩的改变确定这些信息。

根据下列参数计算出前桥上的加速度：行驶速度、偏航角速度、横向加速度。

EPS据此为主动式车道信息反馈计算出转向阻力矩的比例。

（4）过电压识别和低电压识别 如果过电压大于16V，则将电动机功率呈线性降低直至电压达到17V，高于17V将不再产生转向助力。在40%的转向助力时输出检查控制信息（带有故障记录）。当电压重新下降到低于16V时，转向助力恢复至要求的值。当100%达到要求的转向助力时，检查控制图标熄灭。

如果低电压小于10V，则将电动机功率呈线性降低直至电压达到9V。低于9V时不再产生转向助力。在40%的转向助力时输出检查控制信息（带有故障记录）。当电压重新上升到高于10V时，转向助力恢复至目前要求的值。当100%达到要求的转向助力时，检查控制图标熄灭。

（5）过热保护 EPS具有防止过热的监控功能。可监控以下组件的温度：电子控制装置、电力电子系统、电动机绕组。

如果某一个或多个温度测量点达到阈值，EPS就会使得转向助力系统从阈值（1%）开始呈线性降低至极限值（100%）。如果转向助力系统低于40%的值，组合仪表中的检查控制图标就会亮起。如果转向助力系统重新达到100%标称值，检查控制图标就会消失。

（6）过电流识别　EPS通过内部监控程序识别过电流情况。在此使用转向角、转向角速度、行驶速度和驾驶员施加的转向阻力矩等影响参数计算所需的转向功率。如果此时超过允许的负荷极限，则为保护大功率电子装置会减小或完全关闭转向助力。

例如，在以下交通状况下可能出现过电流情况：
① 车辆紧靠路缘停放，然后通过转向过程推开车辆。
② 甩尾期间快速反向转向。

（7）作为软件功能的极限位置　可通过软件将转向系统的左侧和右侧机械极限位置模拟成为软件功能。可在调试过程中通过程序确定这些软件极限位置，然后将其保存在控制单元之中。

采用该功能可通过到达相应极限位置之前所施加的反向力矩防止机械系统提前磨损。

4. 维修说明

更换转向系统之后，必须利用"调试"服务功能对新的转向系统进行"电气"调整，使之适应于转向系统的现有机械系统。

转向系统试运行。在诊断系统中提供下列服务功能。

（1）试运行　利用该服务功能可以将电动机械式助力转向系统的参数复位到制造商的设置，接着重新进行测定。

（2）设码或编程提示　EPS包含大量的数据记录。可根据发动机型号及其他边界条件，通过设码方式选择数据记录。鉴于这一原因，必须在更换之后（也包括交叉调换）对EPS控制单元进行正确设码。

（3）工作条件　在下列条件下激活转向助力：
① 没有内部控制单元故障；
② 点火开关已接通；
③ 发动机运行。

（4）关闭转向助力的条件
① 存在内部控制单元故障；
② 车辆停止，发动机关闭；
③ 过电压大于17V；
④ 低电压小于9V。

二、电动机械式助力转向系统控制单元

EPS控制单元是EPS单元的组成部分。伺服电动机也属于EPS单元。

在EPS控制单元中存储了多条用于伺服助力装置、主动式方向盘复位以及减震特性的特性线。根据输入端参数计算出的数值与相应的特性线一起得出必要的转向助力。

此伺服电动机是一个无集流环的同步直流电动机（永久磁铁）。此伺服电动机驱动减速器，于是伺服电动机的功率传递到齿条上。控制单元电路板上有两个电动机位置传感器（冗余）。

图4-6为宝马F10带伺服电动机的EPS部件。

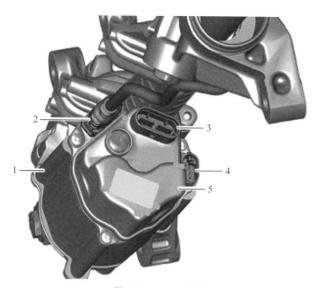

图4-6 EPS部件

1—带伺服电动机的EPS装置；2—转向阻力矩传感器的插头，6芯（使用2个线脚Pin）；
3—电源插头，2芯；4—车载网络插头，6芯；5—EPS控制单元

电动机械式助力转向系统包含下列装备系列：

① 12V供电（和以前相同）；

② 配备一体化主动转向控制（AL）和电动机/变速箱特定组合，由发动机室内的外部启动接线柱进行12V供电；

③ 配备一体化主动转向控制（AL）和电动机/变速箱特定组合（重量集中在前桥），由辅助电池、断路继电器和具有DC/DC转换器的辅助电池充电装置进行24V供电。

1. 内部电路

维修图解

EPS控制单元通过2个插头与车载网络连接。

转向阻力矩传感器通过另一个插头与EPS控制单元连接。根据车型系列，此插头为6芯（占用2个线脚）或5芯（占用5个线脚或3个线脚）。

EPS控制单元是FlexRay上的一个总线部件。根据不同的装备系列，为EPS单元提供不同的总线端KL.30。根据车型系列，接线盒中的配电器（如F10、F25）或前部配电器（如F20）通过总线端KL.15N为EPS控制单元供电。图4-7为EPS控制单元内部电路。

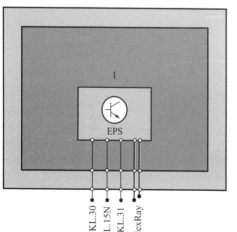

图4-7 EPS控制单元内部电路

1—用于电动机械式助力转向系统的控制单元

2. 标准参数

表4-1为电动机械式助力转向系统（EPS）控制单元参数。

表4-1　电动机械式助力转向系统（EPS）控制单元参数

说明/物理量	参数
供电电压	9～16V
温度范围	40～80℃

3. 失效影响

与EPS控制单元的通信失灵时执行标准检测程序（通用检测过程）。存在某个控制单元内部故障时，预计将出现以下情况：

①电动机械式助力转向系统（EPS）控制单元中出现故障记录；
②组合仪表中的固定报警灯和指示灯亮起；
③组合仪表上出现检查控制信息。

4. 维修提示

在更换转向系统后，必须重新示教转向器的两个极限位置。错误调校极限位置可能导致转向助力在极限位置上突然消失。在学习极限位置时必须满足下列条件：

① 车辆开到平坦的表面上。
② 前轮可自由进行转向运动。
③ 车辆处于停止状态。
④ 制动踏板杆未踩下且驻车制动器未拉紧。
⑤ 动态稳定控制系统（DSC）和转向柱开关中心（SZL）内无故障记录。
⑥ 组合仪表中的指示灯和检查控制图标亮着。
⑦ 方向盘在直线行驶位置。

在学习极限位置时必须将方向盘缓慢地一次向左和向右回转到极限位置。转向速度必须低于方向盘每秒钟转动1圈。在极限位置上缓慢提高转向力，直到方向盘不再继续转动。

然后方向盘回到中间位置，松开方向盘。
在约5s后组合仪表上的指示灯和检查控制图标熄灭。
在诊断系统中提供下列服务功能：EPS学习过程。

5. 控制单元插接器端子

图4-8中的EPS控制单元对应表4-2～表4-4中插接器端子。

表4-2　EPS控制单元插头端子

号码（插头）	×-针，颜色	名称
A67*1B	6-针，黑色	部件插头电动机械式助力转向系统
A67*2B	2-针，黑色	部件插头电动机械式助力转向系统

表4-3 EPS控制单元插头上的线脚布置A67*1B

线脚 Pin	类型	名称/信号类型	插座/测量说明
1	E/A	FlexRay 总线信号	前部电子模块
2	—	未被占用	
3		未被占用	
4	E/A	FlexRay 总线信号	前部电子模块
5	—	未被占用	
6	E	电源总线端 KL.15	熔丝 F55

表4-4 EPS控制单元插头上的线脚布置A67*2B

线脚 Pin	类型	名称/信号类型	插座/测量说明
1	E	电源总线端 KL.30	熔丝 F401
2	M	接地	接地点

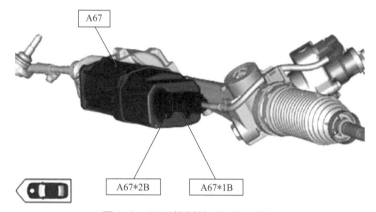

图4-8 EPS控制单元插接器端子

第三节 电子减震控制系统与EDC阀门电磁阀线圈

一、电子减震控制系统

1. 概述

电子减震控制系统（EDC）（图4-9）是一个增加舒适度的底盘调节系统，用于根据车轮情况调节阻尼力。

电子减震控制系统具有下列优点：
① 更高行驶舒适性；
② 较高的车辆灵敏性；
③ 当负荷发生变化时改善自转向特性；
④ 改善车辆行驶安全性并缩短制动距离。

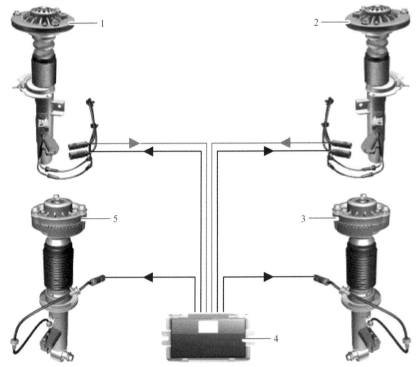

图4-9　电子减震控制系统（EDC）（举例宝马F25）（参见附录彩图）
1—左前减震器；2—右前减震器；3—右后减震器；4—EDC控制单元；5—左后减震器

2. 组成部件

在此描述电子减震控制系统的下列部件。

（1）EDC控制单元　EDC控制单元的安装位置取决于车型系列。EDC控制单元是垂直动态管理的控制单元。

EDC控制单元通过电线束和减震器电线束与减震器的EDC阀门以及垂直加速传感器连接。减震器电线束可以单独进行更换（减震器电线束为一种2芯非金属护套电缆）。

EDC阀门通过EDC控制单元中的4个末级进行控制。EDC控制单元见图4-10。

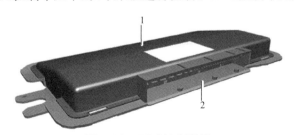

图4-10　EDC控制单元
1—EDC控制单元；2—47芯插头

电子减震控制系统提高行驶舒适性。只有车身在垂直方向尽可能不发生位移，才能获得较高的行驶舒适性。

EDC控制单元由前部配电器通过总线端15N（逻辑电路）供电。总线端KL.30（负荷）的电源通过前部或后部配电器（取决于车型系列）连接。

在下列条件下激活电子减震器控制装置：

① 打开点火开关（总线端KL.15）；

② 速度大于3km/h。

（2）前部和后部减震器　图4-11、图4-12分别为前、后减震器。调整目标为最大限度地提高动态行驶的舒适性。因此这些减震器将根据行驶情况和车道的作用力进行优化调整。

EDC阀门控制这些减震器（阻尼特征线）。用于控制电磁阀线圈的最大电流为1.6A。通过2芯可扭转导线实现对EDC阀门的控制（减震器电线束不能扭转）。

在前桥减震器上固定有一个垂直加速传感器（非MGmbH，例如M5）。针对F15/F16，在每个减震器上都具有一个垂直加速传感器。

垂直加速传感器（非MGmbH）对车轮加速度进行测量（±15g）。

EDC控制单元的接口提供一个3芯插头。EDC控制单元为垂直加速传感器（非MGmbH）提供5V的供电。主电线束与减震器电线束的连接通过轮罩中的插头盒实现。

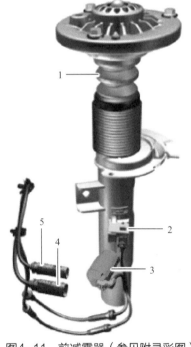

图4-11　前减震器（参见附录彩图）

1—右前减震器；2—垂直加速传感器；3—拉伸阶段和压缩阶段的EDC阀门；4—3芯插头；5—2芯插头

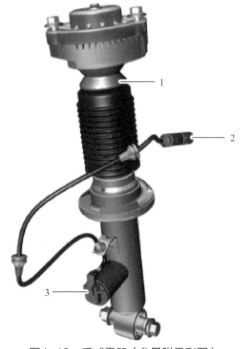

图4-12　后减震器（参见附录彩图）

1—右后减震器；2—2芯插头；3—拉伸阶段和压缩阶段的EDC阀门

（3）动态行驶开关　通过选挡按钮旁边的动态行驶开关可以对动态行驶控制进行操作。动态行驶控制具有下列特性：

① 车辆中所安装的所有驱动和动态行驶系统都将统一控制。其中央控制单元是一体式底盘管理系统（ICM）。

② 提供3个可选程序：ECOPRO、标准模式和运动模式。

动态行驶控制除了其他系统外也影响电子减震控制系统（EDC）。

动态行驶开关与一体式底盘管理系统（ICM）的控制单元连接。ICM控制单元提供FlexRay信号。中央控制台操控见图4-13。

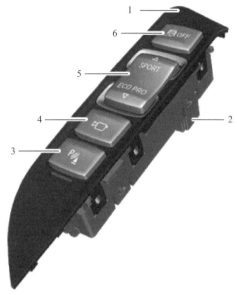

图4-13　中央控制台操控（参见附录彩图）

1—中央控制台操作设备；2—10芯插头；3—驻车辅助按钮；4—侧视摄像机按钮；5—具有ECOPRO模式的驾驶体验开关；6—DSC按钮关闭

（4）一体式底盘管理系统（ICM）控制单元　一体式底盘管理系统（ICM）（图4-14）为电子减震控制系统（EDC）提供信号，负责底盘调节系统中的下列功能：

① 集中进行纵向、横向加速度和偏航角速度的可信度检测；

② 集中提供车身的行驶速度、纵向倾斜度和横向倾斜度；

③ 中央协调检查控制信息显示。

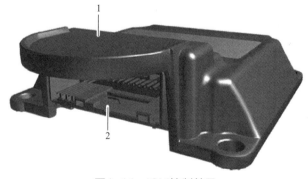

图4-14　ICM控制单元

1——体式底盘管理系统（ICM）；2—插头（54芯）

3. 系统功能

在此描述了电子减震控制系统的下列系统功能：

① 功能联网；
② 车轮加速以及车身运动的阻尼；
③ 故障保护（FailSafe）。

为了实现电子减震控制系统功能，需要一个功能分散在其他控制单元的系统网络（图4-15）。

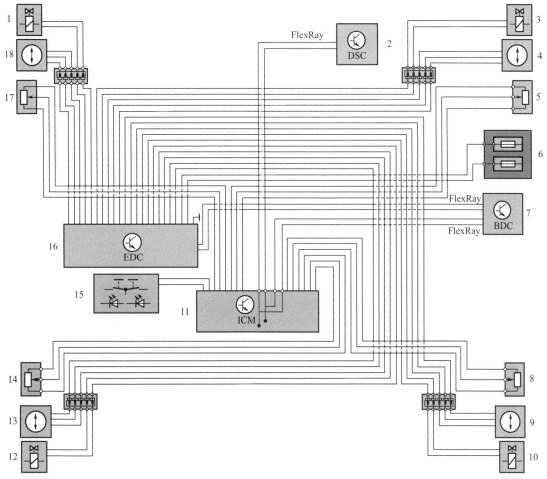

图4-15　系统网络（F15）

1—左前减震器的EDC阀门；2—动态稳定控制系统（DSC）；3—右前减震器的EDC阀门；4—右前垂直加速传感器；5—右前高度传感器；6—前乘客侧前部配电器；7—主域控制器（BDC）；8—右后高度传感器；9—右后垂直加速传感器；10—右后减震器的EDC阀门；11——体式底盘管理系统（ICM）；12—左后减震器的EDC阀门；13—左后垂直加速传感器；14—左后高度传感器；15—具有动态行驶开关的中央控制台操作设备；16—电子减震控制系统（EDC）；17—左前高度传感器；18—左后垂直加速传感器

高度传感器提供有关车身高度的动态信息。电子减震控制系统（EDC）从中计算车身运动以及车轮加速。此外，传感器还向自动大灯光线水平调整提供信息。

4. 车轮运动以及车身运动的阻尼

为了减轻车轮运动和车身运动而监控车辆的运动。这时使用下列轴线：
① 汽车竖轴线；
② 汽车横轴线；

③ 汽车纵轴线。
例如使用下列信号进行监控：
① 俯仰率、横摆率、垂直加速度；
② 车轮加速度；
③ 行驶速度；
④ 横向加速度和纵向加速度。
通过这些信号可以计算出所需阻尼力。

电子减震控制系统基于舒适性减轻车身运动，基于安全性减弱车轮运动。目标是车轮不能脱离车道接触，必须根据实际情况确保最佳的垂直力。

电子减震控制系统也考虑横向加速度（例如直线行驶到弯道行驶的过渡）。如果识别到横向加速度升高，那么EDC控制单元将推断出正在开始转向。因此已经能够预先相应地控制减震器。电子减震控制系统因此可降低车辆侧倾风险。

电子减震控制系统也可识别制动和加速过程，对此DSC提供关于制动压力的信号。较大的制动力将会导致车辆俯仰颠簸运动。EDC通过适当的干预减轻这种俯仰颠簸运动。

根据客户对动态行驶开关的相应要求，可以通过EDC控制单元对阻尼力特性进行调整。对行驶安全性具有正面影响的调节操作已经保存于每个程序之中。

5. 故障保护（FailSafe）

根据存在的故障类型，故障保护分3挡起作用。

（1）第1挡：替代值　例如如果横向加速度传感器的信号不可用，那么将使用其他参数作为转向识别的替代值。驾驶员接收不到检查控制信息，无故障记录（仅能感受到较低的舒适性损失）通过发射器控制单元的故障记录实现可能的必要修理。

（2）第2挡：恒定电流　EDC控制单元对全部4个车轮设定了一个恒定的阻尼力（中等硬度阻尼）。损坏的垂直加速传感器（非MGmbH）可能是触发原因。驾驶员接收到一条检查控制信息。在故障代码存储器中记录一个故障（强制激活DSC）。

（3）第3挡：不通电的条件　如果在负载导线上存在低电压（熔丝失灵），在EDC阀门导线上存在故障（对正极短路、对地短路、断路）时，EDC控制单元不再给EDC阀门通电，于是阀门移动到一个对应于中等至硬阻尼的位置，驾驶员接收到一条检查控制信息，在故障代码存储器中记录一个故障（强制激活DSC）。

6. 维修提示

一定要进行试运转。
① 更换EDC控制单元、垂直加速传感器以及减震器之后必须进行试运行。
② 路径：服务功能→底盘→电子减震控制系统→试运行。
③ 设码或编程提示：在更换后必须对EDC控制单元重新设码。

二、EDC阀门电磁阀线圈

1. 说明

垂直动态管理（VDM）是一种用于调整单个轮胎阻尼力的舒适性底盘调节系统，具有下列优点：
① 更高行驶舒适性；
② 较高的车辆灵敏性；
③ 当负荷发生变化时改善自转向特性和性能；
④ 改善车辆行驶安全性并缩短制动距离。

2. 功能概述

通过中央控制台操作设备中的动态行驶开关调整减震器。调整目标为最大限度地提高动态行驶的舒适性。此外，这些减震器将根据行驶情况和车道的作用力进行优化调整。

EDC阀门控制这些减震器（阻尼特征线）。用于控制电磁阀线圈的最大电流为1.6A。通过2芯可扭转导线实现对EDC阀门的控制（减震器电线束不能扭转）。

EDC阀门通过VDM控制单元中的4个末级进行控制。线圈位置见图4-16。

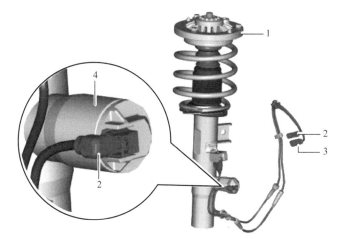

图4-16 线圈位置（参见附录彩图）
1—减震器；2—2芯插头（电磁阀线圈）；3—3芯插头（垂直加速传感器）；4—EDC阀门

3. 内部电路

主电线束至减震器上电线束的连接分别通过轮罩中的插头盒实现。
左后减震器在轮罩上只具有一个单独的插头连接。
EDC阀门电磁阀线圈将在正极侧和负极侧进行控制。

4. 标准参数

表4-5为EDC阀门参数。

表4-5 EDC阀门参数

说明/物理量	参数
电压范围	9～16V
最大电流消耗	2A
温度范围	-40～100℃

5. 失效影响

当EDC阀门失效时，预计将出现以下情况：
① VDM控制单元中出现故障记录；
② 组合仪表上出现检查控制信息。

第四节　动态稳定控制系统控制单元

一、概述

动态稳定控制系统（DSC）的控制与一体式底盘管理系统（ICM）内的中央动态行驶调节和分动器（VTG）的控制相互配合使用。ICM为DSC调节提供标准数据。VTG控制驱动扭矩在前桥和后桥之间的分配。因此VTG也为DSC调节提供支持，甚至动态行驶开关也会影响DSC的工作原理。根据所选的挡位（例如标准、SPORT+，相当于DTC），还需要对DSC干预的阈值和特点进行匹配。除了调整阈值之外，动态稳定控制系统还有其他方面的更改，这些更改涉及安装位置、显示范围以及诊断和修理。

二、动态稳定控制系统控制单元组成及内部电路

1. DSC控制单元

DSC控制单元由下列组成：DSC电子控制单元和DSC液压单元。图4-17为DSC控制单元。

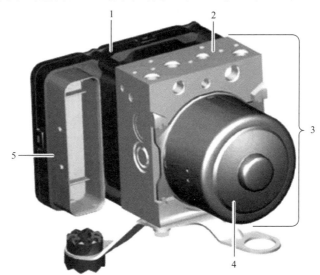

图4-17　DSC控制单元（参见附录彩图）
1—DSC电子控制单元；2—阀体；3—DSC液压单元；4—泵马达；5—控制单元47芯插头（控制单元插接器端子见表4-6~表4-8以及图4-18）

2. DSC液压单元的组成

（1）阀体　阀体带2个活塞的活塞泵、电磁阀、制动压力传感器。

电磁阀线圈集成在控制单元内。机械范围（例如气门座、挺杆）压入在阀体内。

（2）泵马达　在每一个制动回路都存在成对的电磁阀，一个进气门（不通电敞开）和一个排气门（不通电已关闭）。通过相关的控制，制动压力将在前轮和后轮进行调整。

通过电气转换阀实现泵进气接口从低压蓄能器至串联式制动主缸的切换。

制动压力传感器获取通过制动踏板杆和制动助力器产生的制动压力。制动压力传感器的测量范围为0～250bar。

表4-6　控制单元插头

号码（端子/针脚）	×-颜色	名称
A91*3B	38-线脚的，自然色	部件插头动态稳定控制（DSC）

表4-7　控制单元插头上的线脚布置A91*3B

线脚Pin	类型	名称/信号类型	插座/测量说明
1	E	电源总线端KL.30	熔丝F72
2	—	未被占用	
3	E	混合动力从2013_07起接地	制动踏板行程传感器
4	E	车轮转速信号	右前车轮转速传感器
5	A	混合动力从2013_07起供电	制动踏板行程传感器
6	E	制动信号	自动驻车按钮
7	E	混合电源总线端KL.30F	熔丝F107
7	E	非混合动力型电源总线端KL.30F	熔丝F2
8	E	车轮转速信号	左前车轮转速传感器
9	E	制动摩擦片磨损信号	左前制动摩擦片磨损传感器
10	—	未被占用	
11	E/A	FlexRay总线信号	中央网关模块
12	A	经过预处理的车轮转速信号	驻车制动器控制单元
13	M	接地	接地点
14	—	未被占用	
15	E	制动摩擦片磨损信号	右后制动摩擦片磨损传感器
16	E	车轮转速信号	右前车轮转速传感器
17	E	车轮转速信号	右后车轮转速传感器
18	E	车轮转速信号	左后车轮转速传感器

续表

线脚 Pin	类型	名称/信号类型	插座/测量说明
19	E	车轮转速信号	左前车轮转速传感器
20	—	未被占用	
21	A	LED 功能指示灯控制	自动驻车按钮
22	—	未被占用	
23	E/A	FlexRay 总线信号	中央网关模块
24	—	未被占用	
25	E	电源总线端 KL.30	熔丝 F40
26	—	未被占用	
27	—	未被占用	
28	E	唤醒信号总线端 KL.15	便捷进入及启动系统
29	E	车轮转速信号	右后车轮转速传感器
30	—	未被占用	
31	E	车轮转速信号	左后车轮转速传感器
32	—	未被占用	
33	—	未被占用	
34	E	制动信号	制动液液位开关
35	—	未被占用	
36	E	混合动力从 2013_07 起信号制动踏板行程传感器	制动踏板行程传感器
37	E	混合动力从 2013_07 起信号制动踏板行程传感器	制动踏板行程传感器
38	M	接地	接地点
1	E	电源总线端 KL.30	熔丝 F72
2	—	未被占用	
3	E	混合动力从 2013_07 起接地	制动踏板行程传感器
4	E	车轮转速信号	右前车轮转速传感器
5	A	混合动力从 2013_07 起供电	制动踏板行程传感器
6	E	制动信号	自动驻车按钮
7	E	混合电源总线端 KL.30F	熔丝 F107
7	E	非混合动力型电源总线端 KL.30F	熔丝 F2
8	E	车轮转速信号	左前车轮转速传感器
9	E	制动摩擦片磨损信号	左前制动摩擦片磨损传感器

续表

线脚 Pin	类型	名称/信号类型	插座/测量说明
10	—	未被占用	
11	E/A	FlexRay 总线信号	中央网关模块
12	A	经过预处理的车轮转速信号	驻车制动器控制单元
13	M	接地	接地点
14	—	未被占用	
15	E	制动摩擦片磨损信号	右后制动摩擦片磨损传感器
16	E	车轮转速信号	右前车轮转速传感器
17	E	车轮转速信号	右后车轮转速传感器
18	E	车轮转速信号	左后车轮转速传感器
19	E	车轮转速信号	左前车轮转速传感器
20	—	未被占用	
21	A	LED 功能指示灯控制	自动驻车按钮
22	—	未被占用	
23	E/A	FlexRay 总线信号	中央网关模块
24	—	未被占用	
25	E	电源总线端 KL.30	熔丝 F40
26	—	未被占用	
27	—	未被占用	
28	E	唤醒信号总线端 KL.15	便捷进入及启动系统
29	E	车轮转速信号	右后车轮转速传感器
30	—	未被占用	
31	E	车轮转速信号	左后车轮转速传感器
32	—	未被占用	
33	—	未被占用	
34	E	制动信号	制动液液位开关
35	—	未被占用	
36	E	混合动力从 2013_07 起信号制动踏板行程传感器	制动踏板行程传感器
37	E	混合动力从 2013_07 起信号制动踏板行程传感器	制动踏板行程传感器
38	M	接地	接地点

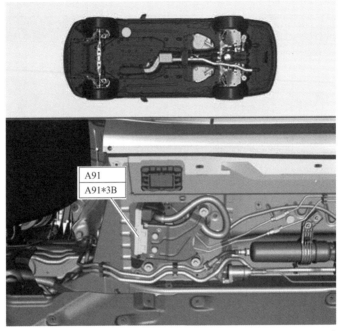

图4-18 控制单元插头（对应表4-6、表4-7）（参见附录彩图）

3. 内部电路

维修图解

DSC控制单元的供电与车型系列有关。DSC控制单元获得总线端KL.30F或30B。此外，DSC控制单元获得总线端KL.30用于回流泵和总线端KL.30用于电磁阀。图4-19为控制单元内部电路。

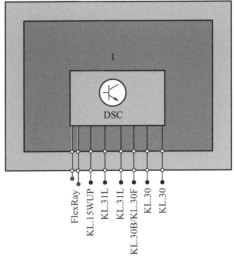

图4-19 控制单元内部电路
1—DSC 控制单元

4. 标准参数

表4-8为DSC控制单元参数。

表4-8　DSC控制单元参数

说明/物理量	参数
供电电压	9～16V
温度范围	-40～85℃

三、控制单元诊断说明

1. 失效影响

与DSC控制单元的通信失灵时，进行标准检测（整体测试模块）。存在某个控制单元内部故障时，预计将出现以下情况：
① 动态稳定控制系统（DSC）控制单元内出现故障代码存储记录；
② 组合仪表上出现检查控制信息。

2. 在DSC控制单元或DSC电子控制单元更换后

更换后必须通过诊断仪对胎压报警指示（RPA）以及定速控制的参数进行设码，以及进行下列操作。
① 对DSC编程和设码。
② 进行DSC控制单元排气程序诊断。
③ 进行制动管路混淆检测。
④ 校准电磁阀。
⑤ 胎压报警指示的初始化设置。

第五节　轮胎压力监控系统控制单元

一、概述

轮胎压力监控（RDC）是一个在行驶模式下监控轮胎充气压力的系统。
RDC系统由5个组件构成：1个RDC控制单元（带集成接收天线的控制单元）和4个车轮电子系统，见图4-20。

1. 车轮分配

借助车桥分配和旋转方向识别可将车轮电子系统的身份识别（ID）分配到一个特定的安装位置。

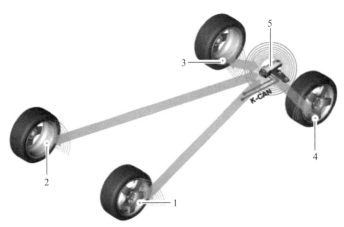

图4-20　轮胎压力监控系统（参见附录彩图）

1—左前车轮电子系统；2—右前车轮电子系统；3—右后车轮电子系统；4—左后车轮电子系统；5—RDC控制单元

2. 车桥分配

RDC控制单元安装在靠近后桥处，于是前桥和后桥车轮电子系统的信息的接收强度明显不同，于是车轮电子系统的平均接收强度表明车桥分配。因为RDC控制单元安装在车辆后部区域内，后桥车轮电子系统的接收电平高于前桥车轮电子系统的接收电平。车桥分配目前与旋转方向识别同时进行。在计算接收强度时只考虑同向旋转的车辆（各一个车辆侧）。

3. 旋转方向识别

车轮电子系统具有一个用于识别旋转和旋转方向的组合加速传感器。此识别在启动过程中或在行车过程中进行。识别到旋转时，将发送信息。在此信息中有一个辅助信息，通过它向RDC控制单元传送旋转方向。旋转方向的识别结果可为如下状态：

① 静止状态；
② 顺时针方向；
③ 逆时针方向；
④ 未知。

二、RDC控制单元诊断

1. 功能原理

RDC控制单元负责处理车轮电子系统发送的信息。车速达到20～30km/h时，每个车轮电子系统会发出以下信息：

① 轮胎充气压力；
② 轮胎充气温度；
③ 蓄电池剩余的使用寿命；
④ 加速传感器数据和车轮电子系统的身份识别（ID）。

这些信息将通过高频传输距离（433MHz）直接传输给RDC控制单元并在其中进行分析。车轮电子系统的测试周期为3s，向RDC控制单元的发射过程每30s进行一次。这些信息的当前状态将发送至控制器区域网络总线（K-CAN）并在那里转换成可以从显示仪表中看出的形式。RDC控制单元（图4-21）的安装位置在后桥后面车辆底板的外部区域内。

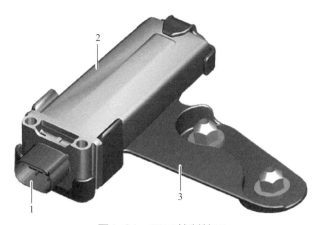

图4-21　RDC控制单元

1—4芯插头；2—RDC控制单元；3—支架

2. RDC控制单元内部

维修图解

RDC控制单元连接在K-CAN上。后部配电器通过总线端KL.30B为RDC控制单元供电。RDC控制单元紧贴功率管接地。图4-22为RDC控制单元内部电路，图4-23为RDC控制单元电路。

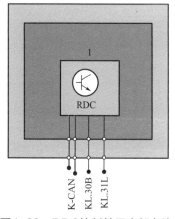

图4-22　RDC控制单元内部电路

1—RDC控制单元；K-CAN—K-CAN高和K-CAN低；KL.30B—供电；KL.31L—负荷接地

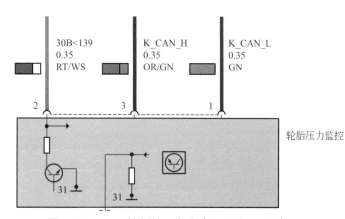

图4-23　RDC控制单元电路（参见附录彩图）

3. 控制单元标准参数

表4-9为RDC控制单元标准参数。

表4-9 RDC控制单元标准参数

说明/物理量	参数
供电电压	9～16V
温度范围	-40～80℃

4. 失效影响

在RDC控制单元失灵时，预计将出现以下情况：
① 检查控制信息；
② 指示灯和报警灯亮起。

第六节　驻车制动按钮

一、概述

驻车制动按钮位于中央控制台内，在选挡按钮（GWS）后面。驻车制动按钮在手制动器操作逻辑中模拟：
① 向上拉驻车制动按钮，驻车制动器激活；
② 向下按驻车制动按钮，驻车制动器退出工作。
组合仪表中的一个指示灯显示激活的驻车制动器。

二、驻车制动按钮诊断

图4-24　驻车制动按钮
1—驻车制动按钮；2—功能照明灯；
3—带有功能照明灯的自动驻车按钮；
4—12芯插头

通过拉起驻车制动按钮触发驻车功能。在发动机运转或车辆滑行时，驻车制动器通过DSC以液压方式作用到前后桥的盘式制动器上。驻车制动按钮见图4-24。

1. 在发动机已关闭且车辆静止时

在发动机已关闭且车辆静止时，驻车制动器借助电动机械式伺服单元通过拉线作用在后桥的鼓式制动器上。逆锁止的制动压力启动会引起压力继续升高并出现一条检查控制信息。通过启动发动机可从电动机械式驻车切换到液压式驻车。通过按压驻车制动按钮触发松开功能。这时，相应的主动式制动系统将打开。静止状态下在发动机运转和关闭时，只能踩下脚制动器来松开驻车制动器。在发动机关闭时（通过总线信号"发动机运转状态"）由液压式驻车切换到电动机械式驻车。

2. 自动驻车功能

自动驻车功能可通过驻车制动按钮后的一个按钮激活。在选择功能后，车辆在制动至静止状态后由DSC以液压方式锁定。在发动机静止状态下，驻车制动器继续发挥驻车功能。踩踏加速踏板可松开车轮制动器，车辆开动。例如，自动化的保持和松开过程可以在市区行驶或者堵车时提供支持。

3. 内部电路

维修图解

中央控制台操作面板有一个12芯插头。查寻照明（总线端KL.58g）来自脚部空间模块（FRM）。接线盒通过总线端KL.30为驻车制动按钮供电（图4-25、图4-26）。

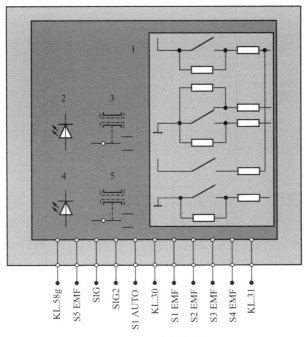

图4-25 内部电路

1—开关垫；2—驻车制动按钮的功能照明灯；3—驻车制动按钮；4—自动驻车功能的功能照明灯；5—自动驻车按钮；KL.58g—查寻照明，总线端KL.58g；SIG—驻车制动按钮功能照明灯信号；SIG2—自动驻车按钮功能照明灯信号；S1 AUTO—自动驻车按钮信号；KL.30—总线端KL.30电源电压；S1 EMF—驻车制动器开关1信号；S2 EMF—驻车制动器开关2信号；S3 EMF—驻车制动器开关3信号；S4 EMF—驻车制动器开关4信号；S5 EMF—驻车制动器开关5信号；KL.31—总线端KL.31，接地

在配备自动变速箱的车辆中，需使用带4个接口的按钮。按钮分析是针对三重保障的固定功能以及双重保障的松开功能而设计的。

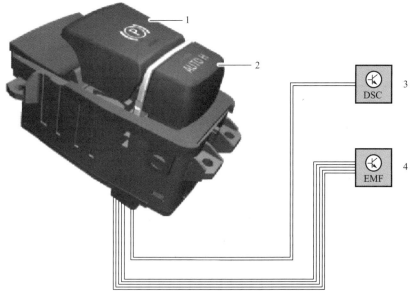

图4-26 电路

1—驻车制动按钮;2—自动驻车按钮;3—动态稳定控制系统(DSC);4—电动机械式驻车制动器(EMF)

4. 参数

按钮以电气方式连接在不同的控制单元上(表4-10):

① 自动驻车按钮连接在动态稳定控制系统(DSC)上;

② 驻车制动按钮连接在电动机械式驻车制动器(EMF)上。

表4-10 驻车制动按钮以及自动驻车按钮的标准参数

说明/物理量	参数
自动驻车按钮压力点的力度	(5±1)N
驻车制动按钮压力点的力度	(8±1.2)N
自动驻车按钮位移	(1.5±0.3)mm
驻车制动按钮位移	13°±1.3°
常开接点供电	9~16V
常开接点最大电流消耗	1.5mA
温度范围	-40~140℃

5. 失效影响

在自动驻车按钮失灵时,可能出现以下情况:

① DSC控制单元中记录故障;

② 组合仪表上出现检查控制信息。

驻车制动按钮失灵时,预计出现下列情况:

① EMF控制单元内出现故障代码存储记录;

② 组合仪表上出现检查控制信息。

第五章 安全气囊控制单元

一、安全气囊控制单元功能

安全气囊控制单元（图5-1），也称碰撞安全模块（ACSM），其有下列任务：

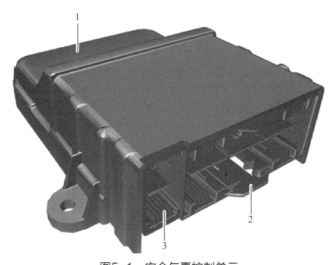

图5-1 安全气囊控制单元
1—碰撞安全模块（ACSM）；2—104芯插头；3—20芯插头

① 识别乘员临界事故情况；
② 激活必要的乘员保护系统（有选择地根据事故严重程度和事故类型）。

碰撞安全模块（ACSM）可以集成于传感器或外置式传感器（例如中央传感器或ICM控制单元）中。

碰撞安全模块（ACSM）计算如下参数：
① 纵向加速度和纵向上的车辆倾斜；

② 横向加速度和横向上的车辆倾斜；
③ 偏航角速度（围绕垂直轴线的旋转）；
④ 侧倾率（围绕纵向轴线的旋转）。

二、安全气囊控制原理

接通点火开关后，碰撞安全模块（ACSM）开始执行自检。在这段时间内安全气囊指示灯亮起（3～5s）。当安全系统已经准备就绪时，安全气囊指示灯接着熄灭。

安全系统的所有气体发生器和传感器都直接与碰撞安全模块（ACSM）相连。碰撞安全模块（ACSM）分析传感器的加速度数据（纵向和横向加速度）并因此计算出碰撞的方向和事故严重程度。通过大量的试验为所有可能类型的事故确定了触发阈值。由此为控制不同乘员保护系统（安全气囊、安全带拉紧装置等）得出了不同的触发阈值。在出现碰撞后，碰撞安全模块（ACSM）将决定是否需要触发，以及必须引爆哪些气体发生器（安全带拉紧装置、安全气囊、头枕等等）。碰撞安全模块（ACSM）也触发安全蓄电池接线柱。

只有当2个相互独立的传感器识别到相应的阈值时，才触发乘员保护系统。

当乘员保护系统被触发后，碰撞安全模块（ACSM）就发送一条信息至其他与总线相连的控制单元。根据事故严重程度，将由相应的控制单元执行特定的功能，例如打开车内灯和闪烁报警灯［通过脚部空间模块（FRM）或前部车身电子模块（FEM）或车身域控制器（BDC）］。

碰撞安全模块（ACSM）通过一条直接导线向电子信息系统控制单元（TCU）发送一个信号。TCU自动安排一次紧急呼叫，也包含车辆所在位置。

触发乘员保护系统时，某些数据被写入不可删除的碰撞安全模块（ACSM）数据存储器。这些数据与事故研究有关（不涉及售后服务）。在3个碰撞信号后此数据存储器已满，安全气囊指示灯亮起，必须更换碰撞安全模块（ACSM）。

为安全带报警分别探测安全带锁扣开关的信号，在美规车辆中，将通过LIN总线记录座椅座垫信号，以用于座位占用识别装置。

图5-2中安全气囊控制单元插头端子，见表5-1～表5-3（列举宝马某车型）。

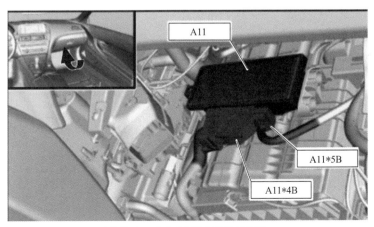

图5-2 安全气囊控制单元插头

表5-1 控制单元插头

号码（端子）	×-针，颜色	名称
A11*4B	104-针，黑色	部件插头碰撞安全模块
A11*5B	20-针，黑色	部件插头碰撞安全模块

表5-2 控制单元插头上的线脚布置A11*4B

线脚 Pin	类型	名称/信号类型	插座/测量说明
1	E	前乘客座位占用识别装置正极	前乘客座位占用识别装置非美规
2	E	前乘客座位占用识别装置负极接头	前乘客座位占用识别装置非美规
3	—	未被占用	
4	A	控制前乘客安全气囊关闭指示灯	车顶功能中心
5	E	安全气囊传感器正极接头	右前车门安全气囊传感器
6	E	安全气囊传感器负极接头	右前车门安全气囊传感器
7	E	安全气囊传感器负极接头	左前车门安全气囊传感器
8	E	安全气囊传感器正极接头	左前车门安全气囊传感器
9	E	安全气囊传感器正极接头	左侧前部安全气囊传感器美规自 2013_07 起的韩国 F10
10	E	安全气囊传感器负极接头	左侧前部安全气囊传感器美规自 2013_07 起的韩国 F10
11	E	安全气囊传感器负极接头	右侧前部安全气囊传感器美规自 2013_07 起的韩国 F10
12	E	安全气囊传感器正极接头	右侧前部安全气囊传感器美规自 2013_07 起的韩国 F10
13	M	接地	接地连接器
14	E/A	局域互联网总线信号	前乘客座位占用识别装置美规
15	—	未被占用	
16	E	电源总线端 KL.30B	便捷进入及启动系统
17	—	未被占用	
18	—	未被占用	
19	—	未被占用	
20	E	信号前乘客座位占用识别装置	前乘客座位占用识别装置美规
21	E	安全带锁扣触头信号	驾驶员安全带锁扣触头
22	E	安全带锁扣触头信号	前乘客安全带锁扣触头
23	E	非美规安全带锁扣触头信号	驾驶员侧后部安全带锁扣触头
24	E	5系非美规安全带锁扣触头信号	后部中间安全带锁扣触头
25	E	非美规安全带锁扣触头信号	前乘客侧后部安全带锁扣触头

续表

线脚 Pin	类型	名称/信号类型	插座/测量说明
26	E/A	PT-CAN 总线信号	总线连接
27	E	敞篷车或者带有主动转向控制或定速控制或 S63 或美规发动机安全气囊传感器正极接头	一体式底盘管理系统
28	E	敞篷车或者带有主动转向控制或定速控制或 S63 或美规发动机安全气囊传感器负极接头	一体式底盘管理系统
29	E	安全气囊传感器负极接头	一体式底盘管理系统
30	E	安全气囊传感器正极接头	一体式底盘管理系统
31	E	安全气囊传感器正极接头	左侧 B 柱安全气囊传感器
32	E	安全气囊传感器负极接头	左侧 B 柱安全气囊传感器
33	E	安全气囊传感器负极接头	右侧 B 柱安全气囊传感器
34	E	安全气囊传感器正极接头	右侧 B 柱安全气囊传感器
35	—	未被占用	
36	—	未被占用	
37	E	行人保护传感器负极接头	中部行人保护传感器非美规
38	E	行人保护传感器正极接头	中部行人保护传感器非美规
39	E	行人保护传感器负极接头	行人保护传感器非美规
40	A	6 系触发安全带拉紧装置负极接头	驾驶员侧收卷拉紧装置
40	A	7 系后部带舒适型座椅非美规触发安全带拉紧装置负极接头	左后安全带拉紧装置气体发生器
41	A	5 系非美规安全带拉紧装置正极触发	驾驶员安全带拉紧装置
41	A	6 系触发安全带拉紧装置正极接头	驾驶员侧收卷拉紧装置
41	A	7 系后部带舒适型座椅非美规触发安全带拉紧装置正极接头	左后安全带拉紧装置气体发生器
42	A	5 系安全蓄电池正极接线柱触发	气体发生器安全蓄电池接线柱启动装置
42	A	6 系触发安全带拉紧装置正极接头	前乘客侧收卷拉紧装置
42	A	7 系后部带舒适型座椅非美规触发安全带拉紧装置正极接头	右后安全带拉紧装置气体发生器
43	A	5 系安全蓄电池负极接线柱触发	气体发生器安全蓄电池接线柱启动装置
43	A	6 系触发安全带拉紧装置负极接头	前乘客侧收卷拉紧装置
43	A	7 系后部带舒适型座椅非美规触发安全带拉紧装置负极接头	右后安全带拉紧装置气体发生器
44	A	敞篷车触发翻车保护装置负极	左侧翻车保护装置气体发生器
44	A	非敞篷车触发安全气囊负极接头	左侧头部安全气囊气体发生器
45	A	敞篷车触发翻车保护装置正极	左侧翻车保护装置气体发生器

续表

线脚 Pin	类型	名称/信号类型	插座/测量说明
45	A	非敞篷车触发安全气囊正极接头	左侧头部安全气囊气体发生器
46	A	敞篷车触发翻车保护装置正极	右侧翻车保护装置气体发生器
46	A	非敞篷车触发安全气囊正极接头	右侧头部安全气囊气体发生器
47	A	敞篷车触发翻车保护装置负极	右侧翻车保护装置气体发生器
47	A	非敞篷车触发安全气囊负极接头	右侧头部安全气囊气体发生器
48	A	触发安全气囊负极接头	驾驶员侧面安全气囊气体发生器
49	A	触发安全气囊正极接头	驾驶员侧面安全气囊气体发生器
50	A	触发安全气囊正极接头	前排乘客侧面安全气囊气体发生器
51	A	触发安全气囊负极接头	前排乘客侧面安全气囊气体发生器
52	E/A	PT-CAN 总线信号	总线连接
53	A	触发安全带拉紧装置正极接头	驾驶员安全带拉紧装置气体发生器
54	A	触发安全带拉紧装置负极接头	驾驶员安全带拉紧装置气体发生器
55	A	触发安全带拉紧装置负极接头	前排乘客安全带拉紧装置气体发生器
56	A	触发安全带拉紧装置正极接头	前排乘客安全带拉紧装置气体发生器
57	A	安全蓄电池正极接线柱触发	气体发生器安全蓄电池接线柱
58	A	安全蓄电池负极接线柱触发	气体发生器安全蓄电池接线柱
59	A	混合碰撞信号	电动机电子装置
60	A	混合碰撞信号	电动机电子装置
61	A	主动式头枕正极触发	驾驶员主动式头枕气体发生器
62	A	主动式头枕负极触发	驾驶员主动式头枕气体发生器
63	A	主动式头枕负极触发	前排乘客主动式头枕气体发生器
64	A	主动式头枕正极触发	前排乘客主动式头枕气体发生器
65	E	安全气囊传感器正极接头	行人保护传感器非美规
66	A	触发行人保护负极接头	左后行人保护作动器非美规
67	A	触发行人保护正极接头	左后行人保护作动器非美规
68	A	触发行人保护正极接头	右行人保护作动器非美规
69	A	触发行人保护负极接头	右后行人保护作动器非美规
70	A	安全带拉紧力限定器负极触发	左前安全带拉紧力限定器气体发生器美规自 2013_07 起的韩国 F10
71	A	安全带拉紧力限定器正极触发	左前安全带拉紧力限定器气体发生器美规自 2013_07 起的韩国 F10
72	A	安全带拉紧力限定器正极触发	右前安全带拉紧力限定器气体发生器美规自 2013_07 起的韩国 F10
73	A	安全带拉紧力限定器负极触发	右前安全带拉紧力限定器气体发生器美规自 2013_07 起的韩国 F10

续表

线脚 Pin	类型	名称/信号类型	插座/测量说明
74	—	未被占用	
75	—	未被占用	
76	—	未被占用	
77	—	未被占用	
78	E	唤醒信号总线端 KL.15	便捷进入及启动系统
79	A	触发行人保护正极接头	左前行人保护作动器非美规
80	A	触发行人保护负极接头	左前行人保护作动器非美规
81	A	触发行人保护负极接头	右前行人保护作动器非美规
82	A	触发行人保护正极接头	右前行人保护作动器非美规
83	A	7系安全蓄电池正极接线柱触发	气体发生器安全蓄电池接线柱启动装置
84	A	7系安全蓄电池负极接线柱触发	气体发生器安全蓄电池接线柱启动装置
85	—	未被占用	
86	—	未被占用	
87	—	未被占用	
88	—	未被占用	
89	—	未被占用	
90	—	未被占用	
91	—	未被占用	
92	—	未被占用	
93	—	未被占用	
94	—	未被占用	
95	—	未被占用	
96	—	未被占用	
97	—	未被占用	
98	—	未被占用	
99	—	未被占用	
100	—	未被占用	
101	—	未被占用	
102	—	未被占用	
103	—	未被占用	
104	—	未被占用	

表5-3 插头上的线脚布置A11*5B

线脚 Pin	类型	名称/信号类型	插座/测量说明
1	A	触发安全气囊正极接头	驾驶员安全气囊气体发生器
2	A	触发安全气囊负极接头	驾驶员安全气囊气体发生器
3	A	触发安全气囊负极接头	前乘客安全气囊气体发生器
4	A	触发安全气囊正极接头	前乘客安全气囊气体发生器
5	A	前乘客安全气囊关闭开关信号	前乘客安全气囊关闭开关非美规
6	A	触发安全气囊正极接头	驾驶员膝部安全气囊气体发生器美规自2013_07起的韩国F10
7	A	触发安全气囊负极接头	驾驶员膝部安全气囊气体发生器美规自2013_07起的韩国F10
8	A	触发安全气囊负极接头	前排乘客膝部安全气囊气体发生器美规自2013_07起的韩国F10
9	A	触发安全气囊正极接头	前排乘客膝部安全气囊气体发生器美规自2013_07起的韩国F10
10	E	前乘客安全气囊关闭开关信号	前乘客安全气囊关闭开关非美规
11	A	触发安全气囊正极接头	驾驶员安全气囊气体发生器美规自2013_07起的韩国F10
12	A	触发安全气囊负极接头	驾驶员安全气囊气体发生器美规自2013_07起的韩国F10
13	A	触发安全气囊负极接头	前乘客安全气囊气体发生器美规自2013_07起的韩国F10
14	A	触发安全气囊正极接头	前乘客安全气囊气体发生器美规自2013_07起的韩国F10
15	A	紧急呼叫信号	远程信息处理技术通信盒
15	A	紧急呼叫信号	Combox
16	A	触发安全气囊正极接头	驾驶员安全气囊气体发生器美规自2013_07起的韩国F10
17	A	触发安全气囊负极接头	驾驶员安全气囊气体发生器美规自2013_07起的韩国F10
18	A	触发安全气囊负极接头	前乘客安全气囊气体发生器美规自2013_07起的韩国F10
19	A	触发安全气囊正极接头	前乘客安全气囊气体发生器美规自2013_07起的韩国F10
20	—	未被占用	

三、安全气囊控制单元内部电路

碰撞安全模块（ACSM）通过一个插头与车载网络连接。
局域互联网总线将碰撞安全模块（ACSM）与座椅座垫连接（仅针对美规，电容式座位占用识别装置）。

碰撞安全模块（ACSM）是一个与总线相连的控制单元。

维修图解

CAS或前部车身电子模块（FEM）或车身域控制器（BDC）通过总线端30B和总线端KL.15WUP向碰撞安全模块（ACSM）供电，见图5-3。

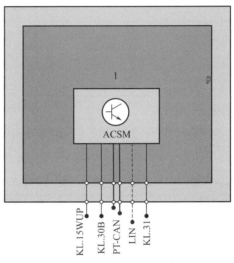

图5-3 控制单元内部电路

1—碰撞安全模块（ACSM）

标准参数见表5-4。

表5-4 安全气囊控制单元参数

说明／物理量	参数
供电电压	9～16V
温度范围	-40～85℃

四、安全气囊控制单元失效影响

碰撞安全模块（ACSM）除了监控所有输入和输出端外，还监控内部元件（自检）。可能的故障存储在碰撞安全模块（ACSM）中。发生系统故障时或发生部件故障时，安全气囊指示灯亮起。

碰撞安全模块（ACSM）失灵时预计会出现以下情况：如果碰撞安全模块（ACSM）或供电出现内部故障，会让整个安全系统失效（安全气囊指示灯和安全带指示灯亮起）。

第六章

大灯控制单元

一、概述

大灯控制单元包括左侧LED主灯模块（LHML）和右侧LED主灯模块（LHMR）。
大灯控制单元安装在LED大灯的底面上。
大灯控制单元控制以下功能：
① 近光灯；
② 转弯照明灯；
③ 远光灯；
④ 大灯变光功能。

大灯控制单元还可控制LED大灯中的温度调节装置。LED大灯中多个温度传感器的值以及通过K-CAN3传输的行驶速度和车外温度信号均可作为输入信号。

根据需要控制风扇。照明功能和总线端KL.15关闭后，风扇可能滞后运行至大灯控制单元达到静止状态（睡眠模式），以避免LED大灯因露水潮湿。

如果某一个温度传感器发生故障，就会提前以较大功率接通风扇，以保护LED大灯中的部件。

二、大灯控制单元控制原理

脚部空间模块（FRM）是外部照明的主控制单元。也就是说，所有灯光功能由脚部空间模块（FRM）控制。

大灯控制单元根据脚部空间模块（FRM）的请求控制相应的灯光功能。脚部空间模块（FRM）将请求作为信息输送到K-CAN2上。中央网关模块（ZGM）将信息传递连接在左侧LED主灯模块（LHML）和右侧LED主灯模块（LHMR）的K-CAN3上。

图6-1以带LED大灯的F01为例，显示左侧LED主灯模块（LHML）。

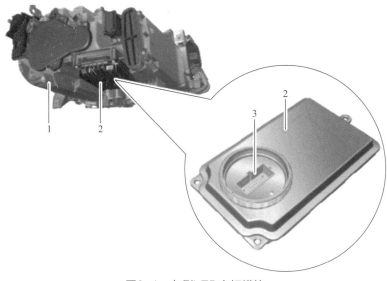

图6-1 左侧LED主灯模块

1—左侧大灯，后视图；2—左侧LED主灯模块（LHML）；3—32芯插头

三、大灯控制单元内部电路

两个LED主灯模块结构相同，但是通过线脚设码划分为左侧LED主灯模块（LHML）和右侧LED主灯模块（LHMR）。更换时必须给相应的LED主灯模块设码。

维修图解

如图6-2所示，两个LED主灯模块（LHML和LHMR）均是K-CAN3上的总线用户。接线盒中的前部配电器通过总线端KL.30给左侧LED主灯模块（LHML）供电。后部配电器通过总线端KL.30给右侧LED主灯模块（LHMR）供电。

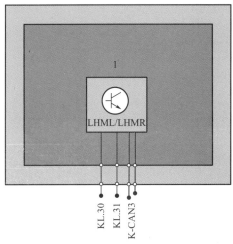

图6-2 大灯控制单元内部电路

1—左侧LED主灯模块（LHML）或右侧LED主灯模块（LHMR）

左侧LED主灯模块（LHML）或右侧LED主灯模块（LHMR）标准参数见表6-1。

表6-1 大灯控制单元标准参数

说明/物理量	参数
供电电压	9～16V
温度范围	-40～105℃

四、大灯控制单元失效影响

与左侧LED主灯模块（LHML）或右侧LED主灯模块（LHMR）的通信失灵时，进行标准检测（整体检测过程）。存在某个控制单元内部故障时，预计将出现以下情况：

① 左侧LED主灯模块（LHML）或右侧LED主灯模块（LHMR）中的故障代码存储记录；

② 组合仪表上出现检查控制信息。

第七章 刮水器控制单元

一、概述

刮水器控制单元，也称刮水器模块。刮水器控制单元由下列组件组成：
① 直流电动机；
② 减速器（蜗杆传动装置）；
③ 磁场传感器；
④ 电子控制装置。

使用刮水清洗开关接通或关闭刮水清洗装置。

开关信号由转向柱开关中心（SZL）通过FlexRay发送至中央网关模块（ZGM）。信号再由中央网关模块通过K-CAN2传输至接线盒电子装置（JBE）。接线盒电子装置分析信号，并通过局域互联网总线将请求发送至刮水器模块。根据请求，刮水器模块通过电子控制装置控制刮水器电动机（直流电动机）。

接线盒中的配电器向刮水器模块供电（总线端KL.30B）。

二、刮水器运行方式

有下列几种刮水器运行方式。

1. 间歇运行

间歇时间取决于设置的间歇和行驶速度。接线盒电子装置分析设置的周期挡并控制刮水器模块。

2. 自动刮水器运行

如果选择自动刮水器运行，则开始一次刮水，接着晴雨传感器探测雨的大小。接线盒电子装置每20ms分析一次晴雨传感器的信号。接线盒电子装置根据该信号控制刮水器模块，接线盒电子装置控制刮水器速度。

3. 刮水器挡位1持续刮水

如果选择刮水器挡位1持续刮水，刮水器电动机以每分钟41次刮水循环的频率持续刮水。如果行驶速度被大大降低，致使车辆停止，则刮水器运行从持续刮水运行方式切换至间歇运行方式。如果行驶速度超过4km/h，则刮水器挡位1持续刮水重新接通。

4. 刮水器挡位2持续刮水

如果选择刮水器挡位2持续刮水，刮水器电动机以每分钟57次刮水循环的频率持续刮水。如果行驶速度被大大降低，致使车辆停止，则刮水器从刮水器挡位2持续刮水运行方式切换至刮水器挡位1持续刮水运行方式。如果行驶速度超过4km/h，则刮水器挡位2持续刮水重新接通。

行驶速度超过约210km/h后将切换回刮水器挡位1持续刮水。行驶速度低于约205km/h时重新切换至刮水器挡位2持续刮水。

如果在刮水器挡位2持续刮水运行方式下刮水器模块识别到负荷增加，则会切换回刮水器挡位1持续刮水。

5. 点动刮水

持续操作开关（刮水清洗开关）后执行点动刮水。

三、刮水器控制原理

刮水器模块包括刮水器电动机的电子控制装置。根据接线盒电子装置（JBE）的请求，电子控制装置控制刮水器电动机。刮水器电动机由一个集成有减速器的电刷电动机构成，可反转控制刮水器。也就是说，当刮水臂到达转向位置时，通过改变刮水器电动机的极性可以重新返回刮水臂。通过预规定的电流方向识别刮水器电动机的旋转方向。

刮水器位置和刮水器速度通过一个磁场传感器测定。该传感器根据AMR原理（AMR表示"各向异性磁阻"）工作。磁铁位于减速器中的齿轮上。

刮水频率分为14挡。刮水频率的最小值为每分钟35次刮水循环。刮水频率的最大值为每分钟61次刮水循环。刮水器见图7-1。

1. 交替的刮水器静态位置

刮水器关闭时刮水器刮片位于刮水器静态位置。为了提高刮水器刮片的耐久性，有两个不同的刮水器静态位置。因此刮水器刮片既可以指向上方也可以指向下方。

切换刮水器静态位置的方式如下：刮水器模块每间隔17次过渡至静止状态。

2. 锁止保护

如果由于运转困难或锁死，电子控制装置无法清洗正常范围内的玻璃区域，锁止保护触发。

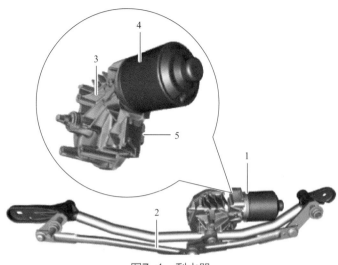

图7-1 刮水器

1—刮水器模块；2—刮水器连杆；3—减速器；4—直流电动机；5—4芯插头

如果识别到锁止，则电子控制装置会关闭刮水器驱动装置约1s，接着尝试接通3次。接通尝试的间隙时间为0.75s。如果仍然锁止，则刮水臂停留在当前位置。

锁止保护激活时挡风玻璃清洗泵和大灯清洗装置的清洗泵被锁止。

3. 过热保护

为了防止直流电动机和末级过热，在刮水器模块的电子控制装置中有一个专用的过热保护装置。

根据运转时数（运行时间和休眠阶段），在电子控制装置中通过热模型持续计算直流电动机和末级的升温。超过一定温度界限后首先会将刮水频率限制到每分钟41次的刮水循环。如果温度继续上升，则持续刮水运行方式会被切换回间歇运行方式（刮水频率为41次刮水循环，间隙时间为2s）。如果温度继续上升，则不再控制刮水器电动机。

如果超过一定温度界限的速度很快，则电子控制装置会立即切换回间歇运行（刮水频率为41次刮水循环，间隙时间为4s）。

如果过热保护失灵，则会使用替代值。电子控制装置报告接线盒电子装置故障。

4. 不灵活时的操作

如果电子控制装置根据刮水器速度和电压脉冲这些参数识别出负荷增加：10次刮水循环后，刮水频率降低1个刮水循环，直至达到最低刮水频率，即每分钟33次刮水循环。

由于刮水器速度信号产生变化或低于规定的负荷信号时功能会被复位。

5. 雪天的刮水器运行

如果挡风玻璃上有雪，则在挡风玻璃上下部会形成"楔形的雪堆"，从而可能锁止刮水器。为了避免阻挡刮水器，在这种情况下会缩小刮水区（在允许的极限内）。电子控制装置继续尝试重新扩大刮水区。

6. 弯折位置

在弯折位置可能变换刮水器刮片。弯折位置激活的方式如下。
① 关闭点火开关。
② 通过压力点向上按压刮水器杆，并按住约3s，直到刮水器静止在大概垂直的位置上。

接着必须再次操作刮水清洗开关（总线端KL.15接通），以此使刮水器重新进入刮水器静态位置。

四、刮水器控制单元内部电路

刮水器模块通过一个4芯插头与车载网络连接。

维修图解

如图7-2所示，接线盒中的配电器通过总线端KL.30B给刮水器模块供电。局域互联网总线连接刮水器模块与接线盒电子装置（JBE）。

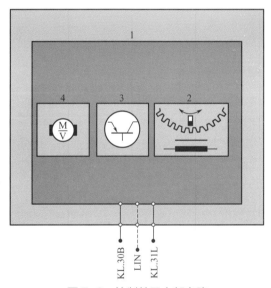

图7-2 控制单元内部电路

1—刮水器模块；2—磁场传感器；3—电子单元；4—直流电动机；
KL.30B—总线端KL.30B（供电）；KL.31L—总线端KL.31功率管接地；
LIN—LIN总线（局域互联网总线）；1个线脚Pin未使用

刮水器模块标准参数见表7-1。

表7-1 刮水器模块标准参数

说明/物理量	参数
供电电压	9～16V

续表

说明/物理量	参数
刮水器挡位 1 持续刮水的电流消耗，湿式刮水	6.5A
刮水器挡位 1 持续刮水的电流消耗，干式刮水	8A
刮水器挡位 2 持续刮水的电流消耗，湿式刮水	9A
刮水器挡位 2 持续刮水的电流消耗，干式刮水	11A
锁止时的最大短瞬时（80ms）电流消耗	60A
刮水循环最小值	每分钟 35 次
刮水循环最大值	每分钟 61 次
温度范围	$-40 \sim 85$℃

五、刮水器控制单元失效影响

刮水器模块失灵时，预计将出现以下情况：
① 接线盒电子装置（JBE）中出现故障记录；
② 刮水器的检查控制图标亮起；
③ 组合仪表上出现检查控制信息。

1. 通过局域互联网总线的通信失灵时的紧急运行

刮水器运行关闭时刮水器模块与接线盒电子装置（JBE）之间通过局域互联网总线的通信失灵后，无法再接通刮水器运行。刮水器运行切换至静止状态。

刮水器运行接通时刮水器模块与接线盒电子装置（JBE）之间通过局域互联网总线的通信失灵后，切换至紧急运行。也就是说，刮水器以当前的刮水频率运行5min，然后进入刮水器挡位1持续刮水运行方式。

2. 转向柱开关中心失灵时的紧急运行

转向柱开关中心（SZL）与接线盒电子装置（JBE）之间的通信失灵后，无法再接通刮水器运行。接线盒电子装置将刮水器运行切换至紧急运行。也就是说，进入刮水器挡位1持续刮水运行方式。

3. 雨天/行车灯/雾气/光照传感器失灵时的紧急运行

如果晴雨传感器失灵，接线盒电子装置将刮水器运行切换至紧急运行。也就是说，进入间歇运行方式，取决于行驶速度。

第八章

座椅控制单元

一、概述

座椅控制单元,也称座椅模块。驾驶员座椅模块(SMFA)或前乘客侧座椅模块(SMBF)调节和监控所有座椅功能以及座椅加热装置。在座椅模块中分析全部按钮信号并控制要求的功能。

二、座椅控制单元控制功能原理

驾驶员座椅模块或前乘客侧座椅模块是一个独立的控制单元。对于座椅模块(驾驶员座椅模块或前乘客侧座椅模块)有以下功能描述。

1. 座椅调整装置

在座椅调节过程中,调整位移通过驱动装置中的霍尔传感器记录并在座椅模块中进行处理。机械挡块的位置值在第一次识别时被识别成极限位置并进行存储。在下列调整时座椅在到达该位置前停住(软停止)。

为了控制所选的驱动装置,在座椅模块中进行调节电流的集成测量。此测量用于故障识别(例如过电流、短路或锁止)。如果高于或低于规定的阈值,则断开驱动装置的供电。

为了防止驱动装置过热,在座椅模块中有一项专用过热保护功能。在座椅模块中根据运转时数(运行时间和间歇阶段)通过一个热模型不间断地计算驱动装置的升温。从一个规定的温度界限起,座椅模块关闭驱动装置。

2. 座椅加热装置

根据所选的加热挡,座椅模块产生一个按脉冲宽度调制的信号(PWM信号),用来控制座椅加热装置。座椅加热装置由一个或两个温度传感器(NTC电阻)监控。温度传感器集成在座椅加热垫中,并与座椅模块连接。

3. 主动式座椅通风装置

座椅模块根据按钮信号规定风扇挡位。在座椅模块中通过一个晶体管转换风扇挡位。每个风扇都还有一条控制及诊断导线用于供电和接地。通过这条控制及诊断导线转换风扇挡位以及监控风扇。

在风扇不旋转(报警状态)时,晶体管把一个电阻转接到总线端KL.31。在风扇接口已转换到风扇挡位3时,才能够分析此诊断反馈信息。

4. 腰部支撑驱动装置

座椅模块控制腰部支撑驱动装置。腰部支撑驱动装置为腰部支撑垫供应压缩空气。

5. 腰部支撑阀体

座椅模块控制阀体中的阀门。根据所选的设置对各个腰部支撑垫充气或排气,因此可改变腰部支撑的高度和厚度(腰部支撑高度调整和腰部支撑深度调整)。

6. 腰部支撑/主动式座椅驱动装置

座椅模块控制腰部支撑/主动式座椅驱动装置。腰部支撑/主动式座椅驱动装置为腰部支撑垫以及主动式座椅中的气垫供应压缩空气。腰部支撑调整优先于主动式座椅。通过腰部支撑/主动式座椅驱动装置中的一个电磁阀转接空气输送(到腰部支撑阀体或到主动式座椅压力分配器),因此始终只执行一项功能(腰部支撑调整或主动式座椅)。

7. 主动式座椅压力分配器

座椅模块控制主动式座椅压力分配器,此压力分配器自动调节气垫的充气和排气。压力分配器中的一个微开关通过一个带4个凸块的信号轮进行探测(4个凸块用于各个气垫的充气和排气)。微开关向座椅模块传送接通或关闭调节泵马达的信号。座椅控制单元见图8-1。

图8-1 座椅控制单元

1—驾驶员座椅模块(SMFA)或前乘客侧座椅模块(SMBF);2—26芯插头;3—22芯插头;4—8芯插头;5—4芯插头(自2009年9月起随着F07的使用为5芯);6—4芯插头;7—6芯插头;8—12芯插头;9—8芯插头

Chapter 08 第八章 座椅控制单元

座椅控制单元插头和针脚，见表8-1～表8-9，结合图8-2。

表8-1 座椅控制单元插头

号码（插头）	×-针，颜色	名称
A26*1B	26-针，黑色	部件插头前乘客座椅模块
A26*2B	22-针，黑色	部件插头前乘客座椅模块
A26*3B	8-针，黑色	部件插头前乘客座椅模块
A26*4B	4-针，黑色	部件插头前乘客座椅模块
A26*5B	4-针，自然色	部件插头前乘客座椅模块
A26*6B	6-针，黑色	部件插头前乘客座椅模块
A26*7B	12-针，黑色	部件插头前乘客座椅模块
A26*8B	8-针，黑色	部件插头前乘客座椅模块

表8-2 插头上的线脚布置A26*1B

线脚 Pin	类型	名称/信号类型	插座/测量说明
1	—	未被占用	
2	—	未被占用	
3	E	霍尔传感器接地	前乘客座椅靠背倾斜度调整驱动装置
4	E	霍尔传感器接地	前乘客座椅头枕高度调整驱动机构
5	—	未被占用	
6	E	霍尔传感器接地	前乘客座椅靠背宽度调整驱动装置
7	A	控制前乘客座椅靠背倾斜度调整驱动装置	前乘客座椅靠背倾斜度调整驱动装置
8	A	控制前乘客座椅头枕高度调整驱动机构	前乘客座椅头枕高度调整驱动机构
9	—	未被占用	
10	A	控制前乘客座椅靠背宽度调整驱动装置	前乘客座椅靠背宽度调整驱动装置
11	—	未被占用	
12		未被占用	
13	E	霍尔传感器信号	前乘客座椅靠背倾斜度调整驱动装置
14	E	霍尔传感器信号	前乘客座椅头枕高度调整驱动机构
15	—	未被占用	
16	E	霍尔传感器信号	前乘客座椅靠背宽度调整驱动装置
17	—	未被占用	
18	—	未被占用	
19	—	未被占用	

129

续表

线脚 Pin	类型	名称/信号类型	插座/测量说明
20	—	未被占用	
21	—	未被占用	
22	—	未被占用	
23	A	控制前乘客座椅靠背倾斜度调整驱动装置	前乘客座椅靠背倾斜度调整驱动装置
24	A	控制前乘客座椅头枕高度调整驱动机构	前乘客座椅头枕高度调整驱动机构
25	—	未被占用	
26	A	控制前乘客座椅靠背宽度调整驱动装置	前乘客座椅靠背宽度调整驱动装置

表8-3 插头上的线脚布置A26*2B

线脚 Pin	类型	名称/信号类型	插座/测量说明
1	A	控制前乘客座椅深度调整驱动装置	前乘客座椅深度调整驱动装置
2	A	控制前乘客座椅倾斜度调整驱动装置	前乘客座椅倾斜度调整驱动装置
3	A	控制前乘客座椅高度调整驱动装置	前乘客座椅高度调整驱动装置
4	—	未被占用	
5	A	控制前乘客座椅纵向调整驱动装置	前乘客座椅纵向调整驱动装置
6	E	霍尔传感器接地	前乘客座椅深度调整驱动装置
7	E	霍尔传感器接地	前乘客座椅倾斜度调整驱动装置
8	E	霍尔传感器接地	前乘客座椅高度调整驱动装置
9	E	霍尔传感器接地	前乘客座椅纵向调整驱动装置
10	E	霍尔传感器信号	前乘客座椅深度调整驱动装置
11	E	霍尔传感器信号	前乘客座椅倾斜度调整驱动装置
12	E	霍尔传感器信号	前乘客座椅高度调整驱动装置
13	E	霍尔传感器信号	前乘客座椅纵向调整驱动装置
14	A	控制前乘客座椅深度调整驱动装置	前乘客座椅深度调整驱动装置
15	A	控制前乘客座椅倾斜度调整驱动装置	前乘客座椅倾斜度调整驱动装置
16	A	控制前乘客座椅高度调整驱动装置	前乘客座椅高度调整驱动装置
17	—	未被占用	
18	A	控制前乘客座椅纵向调整驱动装置	前乘客座椅纵向调整驱动装置
19	—	未被占用	
20	—	未被占用	
21	—	未被占用	
22	—	未被占用	

表8-4 插头上的线脚布置A26*3B

线脚 Pin	类型	名称/信号类型	插座/测量说明
1	—	未被占用	
2	M	接地	接地点
3	—	未被占用	
4	—	未被占用	
5	E/A	K-CAN 总线信号	总线连接
6	E/A	K-CAN 总线信号	总线连接
7	E	电源总线端 KL.30B	接线盒
8	M	接地	接地点

表8-5 插头上的线脚布置A26*4B

线脚 Pin	类型	名称/信号类型	插座/测量说明
1	A	控制前乘客座垫加热装置	前乘客座垫加热装置
2	—	未被占用	
3	E	信号温度传感器	前乘客座垫加热装置
4	M	接地前乘客座垫加热装置	前乘客座垫加热装置

表8-6 插头上的线脚布置A26*5B

线脚 Pin	类型	名称/信号类型	插座/测量说明
1	M	接地前乘客座椅靠背加热装置	前乘客座椅靠背加热装置
2	E	信号温度传感器	前乘客座椅靠背加热装置
3	A	控制前乘客座椅靠背加热装置	前乘客座椅靠背加热装置
4	—	未被占用	

表8-7 插头上的线脚布置A26*6B

线脚 Pin	类型	名称/信号类型	插座/测量说明
1	M	接地座椅风扇	座椅风扇
2	M	接地靠背风扇	靠背风扇
3	A	供电座椅风扇	座椅风扇
4	A	供电靠背风扇	靠背风扇
5	A	控制靠背风扇	靠背风扇
6	A	控制座椅风扇	座椅风扇

表8-8 插头上的线脚布置A26*7B

线脚 Pin	类型	名称/信号类型	插座/测量说明
1	—	未被占用	
2	—	未被占用	
3	—	未被占用	
4	—	未被占用	
5	—	未被占用	
6	—	未被占用	
7	—	未被占用	
8	—	未被占用	
9	—	未被占用	
10	—	未被占用	
11	—	未被占用	
12	—	未被占用	

表8-9 插头上的线脚布置A26*8B

线脚 Pin	类型	名称/信号类型	插座/测量说明
1	E	制动信号	前乘客侧座椅调节装置开关组
2	E	制动信号	前乘客侧座椅调节装置开关组
3	E	制动信号	前乘客侧座椅调节装置开关组
4	—	未被占用	
5	E	制动信号前乘客腰部支撑	前乘客侧座椅调节装置开关组
6	M	接地前乘客侧座椅调节装置开关组	前乘客侧座椅调节装置开关组
7	A	供电前乘客侧座椅调节装置开关组	前乘客侧座椅调节装置开关组
8	—	未被占用	

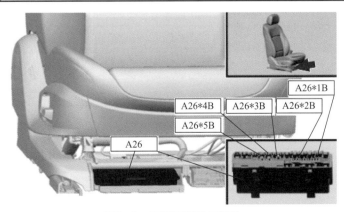

图8-2 座椅控制单元插头

三、座椅控制单元内部电路

驾驶员座椅模块和前乘客侧座椅模块是相同部件。驾驶员座椅或前乘客座椅的识别通过针脚设码实现。

维修图解

座椅模块通过多个插头与车载网络相连接。

座椅模块是K-CAN上的总线用户。

LIN总线连接驾驶员座椅模块与驾驶员侧座椅调节装置开关组以及前乘客侧座椅模块与前乘客侧座椅调节装置开关组。

接线盒中的配电器通过总线端KL.30B为驾驶员座椅模块和前乘客侧座椅模块供电，如图8-3所示。

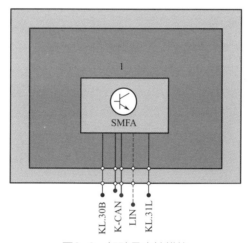

图8-3 驾驶员座椅模块

驾驶员座椅模块或前乘客侧座椅模块参数见表8-10。

表8-10 座椅控制单元参数

说明/物理量	参数
供电电压	9～16V
温度范围	-40～85℃

四、座椅控制单元失效影响

1. 失效影响

与驾驶员座椅模块或前乘客侧座椅模块的通信失灵时，进行标准检测（整体测试模块）。存在某个控制单元内部故障时，预计驾驶员座椅模块（SMFA）或前乘客侧座椅模块

（SMBF）内出现故障代码存储记录。

2. 维修提示

在更换座椅模块后必须进行一次座椅标准化，为座椅标准化提供一项服务功能。

路径：服务功能→车身→安全功能→座椅纵向调整标准化。

第九章

电子信息系统控制单元

一、概述

电子信息系统控制单元（TCU）是一个用于通话和通信的、融合了发送和接收功能的装置，包括手动紧急呼叫、自动紧急呼叫、故障停车呼叫、因特网、信息服务、BMW远程保养服务和远程存取服务等功能。典型的远程存取服务包括如用于盗窃跟踪的"远程车门上锁"和"远程车门解锁"。每个BMW远程保养服务都能够上锁（"远程车门上锁"）或解锁（"远程车门解锁"）车辆。

电子信息系统控制单元配有一张用于世界范围性GSM网络，实现联网驾驶的SIM卡。在BMW Connected Drive中，BMW服务支持、BMW在线和驾驶员辅助系统分区相互补充构成一个整体。从"connect"（联网）和"drive"（驾驶）这两个词上就可以知道它的作用。车辆内部及外部的交通信息、导航协作和重要的移动性数据能够相互地智能组合，以便满足日益增加的各种要求。

二、控制原理和功能

电子信息系统控制单元（TCU）除了处理器和存储器，内部的部件还有以下几种。

1. 发送和接收模块四频NAD（网络存取设备）

所进行的通话遵守国际标准GSM（全球移动通信系统）。利用发送和接收模块能够在世界范围内使用不同的网络通信运营商所提供的网络。GSM四频保证了接收稳定性。

2. 蓝牙模块

蓝牙模块是一个介于电子信息系统控制单元和移动电话以及蓝牙听筒间的接口。该蓝牙模块通过一根配有蓝牙天线的天线导线连接。移动电话和蓝牙听筒通过蓝牙无线电与电子信息系统控制单元进行通信。

可以在电子信息系统控制单元上连接最多4个蓝牙移动电话，但在已连接的蓝牙移动电话中只有一个可以参与通信。

车辆中的蓝牙连接可通过车辆中的中央信息显示器长期禁用。这一点在诸如法律规定不允许使用蓝牙的国家是必需的。

3. MOST接口

电子信息系统控制单元通过MOST接口与MOST总线连接，从而最终连接到车辆的总线系统上。通过MOST总线可以向主机传输信息（例如电话簿内容）和用于语音输出的音频信号（例如与话人的声音）。

在MOST总线上也含有用于电子信息系统控制单元的叫醒信号。

4. 多通道/数码音响处理器

它具有以下几种功能：
① 用于免提通话的数码音响处理器；
② 用于开/关语音输出通道的电子开关；
③ 用于通话功能的语音控制。

当用多功能方向上的发送/接收按钮接电话时，会切换到免提运行模式。通过车辆上的2个免提麦克风和扩音器（用于驾驶员和前排乘客的），利用完全双向传输（听说同步）实现通话。根据车型系列，也可以仅安装1个话筒（针对驾驶员）。

免提通话时，会针对免提麦克风启用噪声降低和回音均衡这两个功能。语音输出时，数码音响处理器用于处理数字语音输出MOST接口声道。数码音响处理器向所分配的声道发送语音信号。这些语音信号通过MOST总线被传输至主机中。从主机中获得的这些语音信号再被传输至所连接的扬声器上，然后播放出来。

通过语音控制，免提麦克风中作为NF信号的命令将被转换。

在TCU内安装的语音输入处理系统用于通过语音命令控制移动电话。通过语音命令能够进行下列输入：
① 在电话簿中存储姓名与电话号码；
② 从电话簿中调用并选择姓名；
③ 输入和选择电话号码。

5. 天线转换开关

此天线转换开关用于当车顶天线内的GSM天线出现故障（例如车祸）时可以切换至应急GSM天线。当车顶天线内的GSM天线接收效果很差时，它将作为紧急GSM天线自动进行切换。通过切换可以保证与网络通信运营商的持续通信。

6. SIM卡读卡器接口

读卡器读取SIM卡上存储的信息（例如与哪些网络运营商签订协议）。通过固定安装的SIM卡可以在无客户移动电话的情况下使用远程信息处理服务。

几项远程信息处理服务的解释如下。

（1）带位置显示的手动紧急呼叫　带位置显示的手动紧急呼叫通过按压车顶功能中心上的紧急呼叫按钮触发。

（2）带位置显示的自动紧急呼叫（发生事故时）　发生相应严重程度的事故时，被动式安全系统的控制单元［例如ACSM（碰撞安全模块）］向电子信息系统控制单元发送一个碰撞信息。该电子信息系统控制单元自动中断紧急呼叫。每次紧急呼叫时，都需输入网络服务商的紧急呼叫号码。这段持续时间内紧急呼叫按钮上的一个发光二极管亮起。当紧急呼叫正在被接听且存在语音连接时，紧急呼叫按钮上的LED指示灯闪烁。电子信息系统控制单元的发送数据被传输到网络服务商。这些数据包括底盘号码、位置坐标、时间以及运动方向（如果车辆在移动中）。

（3）故障停车呼叫　发生爆胎时呼叫售后服务商，这时自动传送车辆位置和保养数据。

（4）GPS全球定位系统接收器　电子信息系统控制单元配有用于全球定位系统的接收器（GPS模块）。GPS模块与一个GPS天线连接。这个GPS天线能够从GPS卫星上接收所发出的GPS信号。然后这些GPS信号通过天线导线被发送到GPS模块上。根据这些信号便可对车辆的当前位置进行定位。由于撞车而自动激活紧急呼叫的信息将一同被发送。

GPS天线与电子信息系统控制单元或主机的连接取决于车辆的配置。

如果车辆配备了导航系统，GPS天线与电子信息系统控制单元的连接将一直保持畅通。GPS天线与主机连接。电子信息系统控制单元见图9-1。

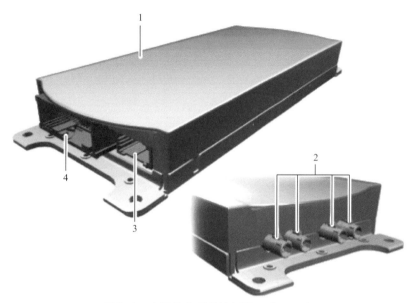

图9-1　电子信息系统控制单元（TCU）
1—电子信息系统控制单元（TCU）；2—天线接口；3—MOST接口；4—54芯插头

三、电子信息系统控制单元内部电路

电子信息系统控制单元（TCU）通过54芯插头连接在车载网络（例如电压供应、麦克风、紧急呼叫按钮、紧急呼叫指示灯、紧急呼叫话筒）上。

维修图解

电子信息系统控制单元配有一个MOST接口。

电子信息系统控制单元有4个天线接口。

通过总线端KL.30F为电子信息系统控制单元供电,如图9-2所示。

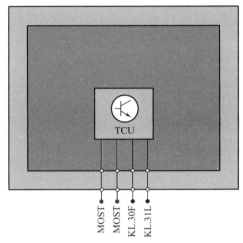

图9-2 电子信息系统控制单元(TCU)

电子信息系统控制单元(TCU)参数见表9-1。

表9-1 电子信息系统控制单元(TCU)参数

说明/物理量	参数
供电电压	9~16V
温度范围	-40~85℃

四、电子信息系统控制单元失效影响

与电子信息系统控制单元(TCU)的通信失灵时,进行标准检测(整体测试模块)。存在某个控制单元内部故障时,可能出现"电子信息系统控制单元中的故障代码存储记录"。

第十章

中央网关模块

一、概述

中央网关模块（ZGM）将主总线相互连接。例如一个数据总线为FlexRay、MOST或K-CAN，这样中央网关模块的网关功能就实现了不同总线系统之间的数据交换。

如果通过D-CAN（诊断CAN）连接了诊断系统，则中央网关模块将诊断系统的查询传递给内部总线。反馈电码以相反的方向流经该过程。

中央网关模块（ZGM）不再将所有存在的主总线相互连接。中央网关模块（ZGM）连接哪条主总线取决于年款和车辆装备。

二、中央网关控制原理功能

1. 同步

为了在联网的控制单元中实现各项功能的同步执行，就需要有一个统一的时基。由于所有控制单元内部都采用自己的节拍发生器进行工作，因此必须通过总线进行时间匹配。在中央网关模块的开始阶段几个控制单元（ZGM、DSC、ICM和DME/DDE）起到同步结点的作用。为了保证FlexRay无故障同步，至少需要2个控制单元与ZGM进行通信。例如，如果DSC失灵，便可以将ICM和DME/DDE控制单元用作同步结点。如果FlexRay有故障，就务必要检查控制单元ZGM、ICM、DSC和DME/DDE的总线导线。

2. 车辆配置管理

在中央网关模块中集成了一项用于车辆配置的系统功能。该系统功能的主要任务是将特定数据（例如车辆任务、车辆配置、整合等级）集中存储在车辆中。车辆任务和整合等级还要在CAS控制单元中进行存储。这样可以确保在更换中央网关模块后，信息可以得到恢复。根据诊断系统或车辆内部系统功能的请求，可通过诊断命令调用存储在车辆配置中的信息。

3. 中央故障代码存储器

除了各个控制单元的本地故障代码存储器，该子功能的任务是中央存储检查控制信息。中央网关模块（ZGM）是该功能的主控单元，也被称为诊断主控单元。

4. 启动和关闭通信车载网络

车辆状态管理描述了通信车载网络的启动和关闭。除了对所有控制单元有约束力的一般性请求，还定义了级联（同时启动和关闭车载网络中的所有总线）和唤醒及休眠存储器。

（1）级联　级联的功能是为了确保所有车载网络中的数据总线能同时启动和同时关闭（"休眠"）。对此在中央网关模块（ZGM）中具有一项主功能，可以确定是否允许车载网络休眠。该主功能可以控制一些负责各个数据总线启动和休眠的从属功能。这些从属功能存在于下列控制单元中：中央网关模块（ZGM），例如用于K-CAN、K-CAN2、PT-CAN、FlexRay和MOST总线；数字式发动机电子伺控系统（DME），例如用于PT-CAN2。

（2）唤醒及休眠存储器　如果车辆未正确唤醒或休眠，这通常导致整车电量消耗增加。这有时可能导致蓄电池电量耗尽并因此导致车辆抛锚。使用唤醒及休眠存储器，车辆状态管理系统提供探测错误唤醒和休眠过程并采取应对措施的功能。

为此，车辆状态管理系统首先查明可能导致控制单元将车辆唤醒的所有原因。如果存在这种原因，唤醒控制单元必须向包含在ZGM中的唤醒及休眠存储器报告该原因。如果存在错误的唤醒，这将被记录在ZGM中（故障记录，其中还包含唤醒控制单元和作为环境条件的唤醒原因）。时间显示和当前的里程数通常作为其他的环境条件进行存储。ZGM在这种情况下要采取应对措施，其中包括发送Power Down命令。如果唤醒过程后仍然发生错误，则请求复位总线端KL.30F，随后持久切断总线端KL.30F。

同唤醒过程一样，在休眠时也可能会出现故障。发生这样一个故障时，唤醒及休眠存储器也创建一条故障记录并采取与发生唤醒错误时相同的措施。要对所有可以唤醒车辆的控制单元进行定义并分配一个识别号码（十六进制数字）。

每个唤醒控制单元在唤醒过程后的2s发送一个信息至ZGM。通过该信息，ZGM被告知唤醒的原因（示例：通过打开驾驶员侧车门唤醒时的脚部空间模块，唤醒原因"左前车门触点"）。

5. 激活以太网入口

在常规运行中停用以太网入口。在每次使用前必须将该入口激活或在使用后重新退出。通过插上ICOMA，连接激活导线（线脚8）与总线端KL.30B（线脚16），因此激活以太网入口。此时，中央网关模块（ZGM）中的以太网组件通过激活导线收到信号（总线端KL.30B的电平）。从诊断插座拔下ICOMA，停用以太网入口。

以太网中的每个通话双方包含了世界范围唯一分配的识别号码——MAC（Media Access Control）地址。通过该MAC地址，网络中的通话双方可进行唯一识别。车辆的MAC地址位于ZGM中并且无法修改。

底盘号码可以识别BMW编程系统对应的车辆。在同车辆进行通信之前，必须确保基于IP的网络中的每个设备包含一个逻辑识别号，即IP地址。IP地址在每个网络区域（子网络）中只能是唯一的并能分配为动态或静态状态。通过以太网激活连接并建立物理连接后，中央网关模块从ICOMA被分配到一个IP地址。通过一个特殊方式，即所谓的"车辆身份识别"，可在诊断系统或编程系统和ZGM之间进行IP地址、底盘号码和MAC地址交换。修理厂网络内的车辆从而能进行唯一识别并能建立通信连接。

网络中IP地址的功能类似于电话网中的电话号码。该IP地址可通过DHCP（Dynamic Host Configuration Protocol）进行分配。这是一种自动将IP地址分配到网络中新终端设备的方法。在终端设备上只能对IP地址的自动参考进行调整。在不断变化的修理厂网络设施中进行操作时必须将IP地址分配为动态形式（DHCP服务器）。应该调整车辆以符合网络要求，而不是调整网络符合车辆要求。在拔下ICOMA后需将分配的IP地址在DHCP服务器中调整时间的检测过程之后重新改为自由。通过以太网入口，数据传输至车辆中，并通过中央网关模块在车辆中被分配。以太网连接对于D-CAN接口的作用方式和时间特性没有影响。

必须避免同时使用D-CAN和以太网入口。同时使用很有可能造成车辆内部诊断命令的冲突。因此，通过两个入口进行的通信会受到干扰。

编程始终通过以太网访问进行。通过D-CAN只能进行诊断，不能编程。必须一直保持车辆的连接，直到编程过程完全结束。ZGM可以执行网关功能并通过数据总线将数据分配给其他控制单元。

出于辨伪保护的原因在中央网关模块中安装了主安全模块。此外，在部分控制单元（例如汽车信息计算机、组合仪表、平视显示系统、控制器）中安装了客户安全模块。主安全模块定期发送提问给单个客户的安全模块。可能出现的故障和偏差都会记录下来，并在服务中经由JETstream在传送FASTA数据时通知BMWAG总部。售后服务人员无法访问控制单元内所存储的有关通过诊断系统进行的操作信息。

6. 诊断系统连接

以太网只有在诊断插头插入的情况下才能激活。诊断插头中的线脚Pin8和线脚Pin16之间有一个电桥。电桥转换中央网关模块中的以太网控制器的供电压。也就是说，连接中央网关模块的以太网入口在客户行驶模式中停用。信息系统和通信系统之间通过以太网建立的连接持续激活。

以太网中的每个通话双方包含了单独的识别号码，即MAC（Media Access Control）地址。BMW编程系统对应的车辆可通过该地址和底盘号码（Vehicle Identification Number）在建立联系时识别。可以通过第三方避免更改数据语句和存储器值。如同办公室里的计算机网络一样，网络中的每台设备都必须获得一个唯一的识别号。因此，在建立联系之后编程系统的中央网关模块会获得一个IP地址。

7. 终端电阻

根据不同的车辆装备，在中央网关模块（ZGM）中存在带有总线驱动器的星形耦合器。在该总线驱动器上连接有FlexRay控制单元。

为了避免在FlexRay出现反射，在数据导线的两端使用了终端电阻。当在总线驱动器上只连接了一个控制单元时,则在总线驱动器和控制单元的端口上各使用了一个终端电阻。如果控制单元上的端口不是物理终端节点,必须为每个总线路径终端上的组件使用终端电阻。K-CAN2内的终端电阻位于中央网关模块和接线盒电子装置中。D-CAN的终端电阻位于中央网关模块和诊断插头中(电线束侧)。

8. MOST环形结构的标准配置

MOST环形结构的标准配置(按照顺序安装在MOST环形结构内的控制单元)保存在主机和中央网关模块(ZGM)内。如果要加装一个控制单元或更新中央网关模块/汽车信息计算机,必须重新存储标准配置。可使用编程进行标准配置。在环形结构断裂时,可以通过标准配置发现哪些控制单元之间有断路。

每个MOST控制单元都可以发送多媒体传输系统总线中的数据。仅中央网关模块(ZGM)能够实现MOST总线和其他总线系统之间的数据交换。此时,主机起到主控单元的作用。中央网关模块是连接其余总线系统的网关。中央网关模块见图10-1。插头及其线脚布置见表10-1～表10-4以及图10-2。

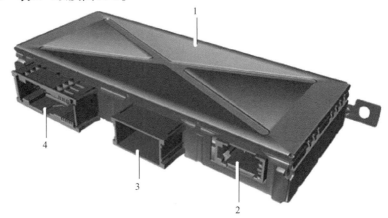

图10-1　中央网关模块

1—中央网关模块(ZGM);2—MOST接口;3—18芯插头;4—54芯插头

表10-1　中央网关模块插头

号码(插头)	×-芯,颜色	名称
A51*1B	54-线脚的,黑色	部件插头中央网关模块
A51*2B	2-线脚的,黑色	部件插头中央网关模块
A51*3B	18-线脚的,蓝色	部件插头中央网关模块

表10-2　插头上的线脚布置A51*1B

线脚 Pin	类型	名称/信号类型	插座/测量说明
1	E/A	从 2011_09 起 FlexRay 总线信号	车道变换警告
2	E/A	从 2011_09 起 FlexRay 总线信号	车道变换警告
3	—	未被占用	
4	E/A	FlexRay 总线信号	右后部减震器卫星式控制单元
5	—	未被占用	

续表

线脚 Pin	类型	名称/信号类型	插座/测量说明
6	E/A	FlexRay 总线信号	垂直动态管理系统
7	—	未被占用	
8	E/A	FlexRay 总线信号	左前部减震器卫星式控制单元
9	E/A	FlexRay 总线信号	左前部减震器卫星式控制单元
10	—	未被占用	
11	E/A	FlexRay 总线信号	主动转向控制
12	E/A	FlexRay 总线信号	主动转向控制
13	—	未被占用	
14	E/A	FlexRay 总线信号	动态稳定控制系统（DSC）
15	E/A	FlexRay 总线信号	动态稳定控制系统（DSC）
16	E/A	至 2011_08FlexRay 总线信号	数字式发动机电子伺控系统 2 发动机 N74
17	—	未被占用	
18	E/A	以太网数据导线	诊断插座
19	M	接地	接地点
20	—	未被占用	
21	—	未被占用	
22	E/A	FlexRay 总线信号	右后部减震器卫星式控制单元
23	—	未被占用	
24	E/A	FlexRay 总线信号	垂直动态管理系统
25	—	未被占用	
26	E/A	FlexRay 总线信号	左后部减震器卫星式控制单元
27	E/A	FlexRay 总线信号	左后部减震器卫星式控制单元
28	—	未被占用	
29	E/A	从 2011_09 起 FlexRay 总线信号	数字式发动机电子伺控系统 2
29	E/A	至 2011_08FlexRay 总线信号	车道变换警告
30	E/A	从 2011_09 起 FlexRay 总线信号	数字式发动机电子伺控系统 2
30	E/A	至 2011_08FlexRay 总线信号	车道变换警告
31	—	未被占用	
32	E/A	FlexRay 总线信号	一体式底盘管理系统
33	E/A	FlexRay 总线信号	一体式底盘管理系统
34	E/A	至 2011_08FlexRay 总线信号	数字式发动机电子伺控系统 2 发动机 N74

续表

线脚 Pin	类型	名称/信号类型	插座/测量说明
35	—	未被占用	
36	E/A	以太网数据导线	诊断插座
37	—	未被占用	
38	—	未被占用	
39	E	电源总线端 KL.30F	熔丝 F3
40	—	未被占用	
41	E/A	以太网数据导线	诊断插座
42	E	唤醒信号总线端 KL.15	便捷进入及启动系统
43	—	未被占用	
44	E/A	总线信号诊断	诊断插座
45	E/A	总线信号诊断	诊断插座
46	E/A	PT-CAN 总线信号	PT-CAN 总线连接
47	E/A	PT-CAN 总线信号	PT-CAN 总线连接
48	E/A	K-CAN 总线信号	K-CAN2 总线连接
49	E/A	K-CAN 总线信号	K-CAN2 总线连接
50	E/A	K-CAN 总线信号	K-CAN 总线连接
51	E/A	K-CAN 总线信号	K-CAN 总线连接
52	—	未被占用	
53	E/A	以太网数据导线	诊断插座
54	E/A	以太网数据导线	诊断插座

表10-3 插头上的线脚布置A51*2B

线脚 Pin	类型	名称/信号类型	插座/测量说明
1	E/A	MOST 总线信号	按照装备的部件
2	E/A	MOST 总线信号	按照装备的部件

表10-4 插头上的线脚布置A51*3B

线脚 Pin	类型	名称/信号类型	插座/测量说明
1	E/A	PT-CAN 总线信号	组合仪表
2	E/A	PT-CAN 总线信号	组合仪表
3	E/A	FlexRay 总线信号	转向柱开关中心
4	E/A	FlexRay 总线信号	转向柱开关中心

续表

线脚 Pin	类型	名称/信号类型	插座/测量说明
5	—	未被占用	
6	—	未被占用	
7	E/A	K-CAN 总线信号	总线连接
8	E/A	K-CAN 总线信号	总线连接
9	E/A	以太网数据导线	主机
10	—	未被占用	
11	E/A	以太网数据导线	主机
12	E/A	以太网数据导线	主机
13	E/A	以太网数据导线	主机
14	—	未被占用	
15	—	未被占用	
16	—	未被占用	
17	—	未被占用	
18	E/A	以太网数据导线	主机

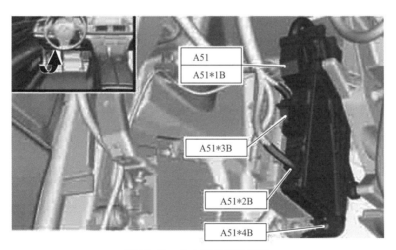

图10-2　中央网关模块插头

三、中央网关模块内部电路

接线盒中的配电器可为中央网关模块（ZGM）提供总线端KL.30F。中央网关模块通过3个插头与车载网络相连，如图10-3所示。

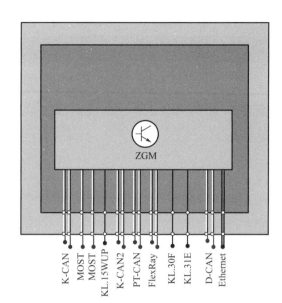

图10-3 中央网关模块（ZGM）内部电路（参见附录彩图）

四、中央网关模块失效影响

中央网关模块（ZGM）失灵时要进行标准检测（整体检测过程）。存在某个控制单元内部故障时，中央网关模块（ZGM）记录故障。

第十一章

车窗控制系统执行器

一、车窗升降机开关

车窗升降机通过驾驶员侧车门开关组中的车窗升降机开关和相应车门中的另外3个车窗升降机开关来操作。

下面描述下列车窗升降机开关：
① 前乘客车门车窗升降机开关；
② 前乘客侧后部车窗升降机开关；
③ 驾驶员侧后部车窗升降机开关。

视车型系列和车辆装备而定，可为后窗玻璃或后部侧窗玻璃（驾驶员侧后部和前乘客侧后部）安装遮阳卷帘。

为车辆的后侧窗玻璃安装遮阳卷帘后，在前乘客侧后部和驾驶员侧后部的车窗升降机开关处仍有下列按钮：
① 后窗玻璃遮阳卷帘按钮；
② 驾驶员侧后部遮阳卷帘按钮；
③ 前乘客侧后部遮阳卷帘按钮。

二、左前门车窗升降机开关

1. 概述

集成在驾驶员侧车门开关组的车窗升降机开关以及后窗玻璃遮阳卷帘按钮在"驾驶员侧车门开关组"功能描述中有相关描述。

便捷进入及启动系统（CAS）或前部车身电子模块（FEM）或车身域控制器（BDC）具有电动打开或关闭电动车窗升降机的中央控制功能。也就是说，便捷进入及启动系统或前部车身电子模块（FEM）或车身域控制器（BDC）将发出电动打开和关闭车窗的许可。

利用车窗升降机开关可以自总线端KL.15接通起操作车窗升降机功能。总线端KL.15断开后，还可以操作车窗升降机1min。

2. 未装备遮阳卷帘的车窗升降机开关

车窗升降机开关分别通过一根信号线将开关状态通知接线盒电子装置（JBE）或前部车身电子模块（FEM）以及车尾电子模块（REM）或车身域控制器（BDC）。

这些控制单元接收到车窗升降机开关的按钮信号后，对其进行如下分析。

（1）前乘客侧后部车窗升降机开关和驾驶员侧后部车窗升降机开关的按钮信号 接线盒电子装置（JBE）或车尾电子模块（REM）或车身域控制器（BDC）根据信号分析控制后部电动车窗升降机。

（2）前乘客侧车门车窗升降机开关的按钮信号 接线盒电子装置将车窗升降机开关的要求作为信息在K-CAN2上发送至脚部空间模块（FRM）。

脚部空间模块根据信号分析结果对前乘客车窗升降机驱动装置进行电动控制。

脚部空间模块或前部车身电子模块（FEM）或车身域控制器（BDC）同时控制车窗升降机开关的查寻照明（总线端KL.58g）。

所有车窗升降机开关都有两个开关挡，用于两个操作方向（开，关）。

（1）打开车窗

① 开关挡1：将车窗升降机开关按压至压力点。

只要按住车窗升降机开关，车窗就一直打开。

② 开关挡2：将车窗升降机开关按压超过压力点。

车窗自动打开（自动运行模式）。在自动运行模式中车窗升降机驱动装置将一直受到控制，直到车窗完全打开为止。如果正在执行车窗升降机功能时重新操纵（按压或拉起）车窗升降机开关，则自动运行模式停止。

（2）关闭车窗

① 开关挡1：将车窗升降机开关拉起至压力点。

只要按住车窗升降机开关，车窗就一直关闭。

② 开关挡2：将车窗升降机开关拉起超过压力点。

车窗自动关闭（自动运行模式）。在自动运行模式中车窗升降机驱动装置将一直受到控制，直到车窗完全关闭为止。如果正在执行车窗升降机功能时重新操纵（按压或拉起）车窗升降机开关，则自动运行模式停止。车窗开关见图11-1。

图11-1 车窗开关

1—车窗升降机开关；2—4芯插头

3. 在侧车窗升降机开关

在侧窗玻璃（只在前乘客侧后部和驾驶员侧后部）装备有遮阳卷帘的车窗升降机开关。

遮阳卷帘开关通过局域互联网总线与接线盒电子装置（JBE）连接。接线盒电子装置或车身域控制器获取按钮信号并进行分析。

根据信号分析，接线盒电子装置通过各开关组的电子单元控制遮阳卷帘的电动机。驾驶员侧后部和前乘客侧后部遮阳卷帘电动机的供电电压位于电子单元上。

从总线端KL.15接通开始，便可将遮阳卷帘拉出或缩回。如果在遮阳卷帘拉出或缩回的过程中总线端状态发生变化（总线端KL.15断开），则当前功能将执行到结束。也就是说，遮阳卷帘应始终完全打开或关闭。

遮阳卷帘的所有按钮在两个操作方向上（拉出和缩回）都只有一个开关挡。通过短按相应按钮可以将所选的遮阳卷帘完全拉上或拉下。如果在拉上或拉下遮阳卷帘过程中重新按压按钮，运转方向会立即改变。

如果在遮阳卷帘已拉下时打开后侧窗，遮阳卷帘也会自动拉上。

三、车窗升降机开关内部电路

（1）未装备遮阳卷帘的车窗升降机开关

> 维修图解

车窗升降机开关（前乘客侧车门车窗升降机开关、前乘客侧后部车窗升降机开关、驾驶员侧后部车窗升降机开关）通过一个4芯插头与车载网络相连，如图11-2所示。

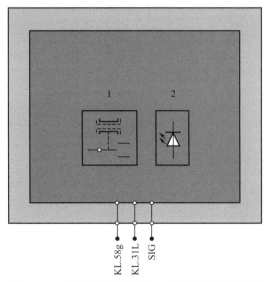

图11-2 未装备遮阳卷帘的车窗升降机开关电路
1—车窗升降机开关；2—查寻照明；
KL.58g—总线端KL.58g，查寻照明（从脚部空间模块或前部车身电子模块引出）；
KL.31L—总线端KL.31功率管接地；SIG—至接线盒电子装置（JBE）、前部车身
电子模块（FEM）或车尾电子模块（REM）的信号线；1个线脚Pin未使用

（2）后侧窗玻璃装备有遮阳卷帘的车窗升降机开关

维修图解

包括车窗升降机开关和遮阳卷帘按钮的开关组通过一个8芯插头与车载网络和局域互联网总线相连。

脚部空间模块（FRM）或前部车身电子模块（FEM）或车身域控制器（BDC）通过局域互联网总线控制车窗升降机开关以及遮阳卷帘按钮的查寻照明（总线端KL.58g），如图11-3所示。

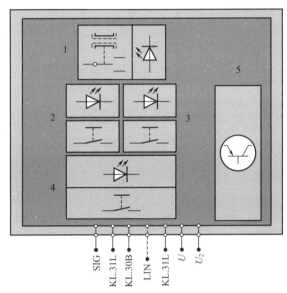

图11-3 有遮阳卷帘的车窗升降机开关电路

1—车窗升降机开关；2—驾驶员侧后部遮阳卷帘按钮及查寻照明；3—前乘客侧后部遮阳卷帘按钮及查寻照明；4—后窗玻璃遮阳卷帘按钮及查寻照明；5—电子单元；KL.30B—总线端KL.30B基本运行模式，来自后部配电器的供电；KL.31L—总线端KL.31功率管接地（车窗升降机开关）；KL.31L—总线端KL.31功率管接地（遮阳卷帘按钮）；LIN—局域互联网总线连接到接线盒电子装置（JBE）或前部车身电子模块（FEM）或车身域控制器（BDC）上；SIG—信号线从车窗升降机开关至接线盒电子装置（JBE）或前部车身电子模块（FEM）或车身域控制器（BDC）；U—驾驶员侧后部遮阳卷帘电动机的供电电压（功能：拉下遮阳卷帘）；U_2—驾驶员侧后部遮阳卷帘电动机的供电电压（功能：拉上遮阳卷帘）；1个线脚Pin未使用

四、电路故障

1. 车窗升降机开关失灵时故障

（1）对地短路或开关卡住 对地短路造成如同长时间操纵车窗升降机开关的效果（开关卡住）。一直控制电动车窗升降机驱动装置，直到车窗完全打开或关闭为止。随后，正在进行的操作将被忽略。只能在开关状态变化（信号由低向高切换）后，通过车窗升降机开关的按钮信号重新电动打开或关闭车窗。

电动车窗升降机可随时从其他操作点进行操纵（例如通过驾驶员侧车门开关组内的车

窗升降机开关或利用识别传感器通过"便捷关闭"或"便捷开启")。

(2)断路　无法再通过此车窗升降机开关电动打开或关闭车窗。

2. 遮阳卷帘按钮失灵时故障

(1)对地短路　对地短路造成如同长时间操纵车窗升降机按钮的效果(按钮卡住)。一直控制遮阳卷帘电动机,直到遮阳卷帘完全拉下或拉上为止。随后,正在进行的操作将被忽略。只有在按钮状态变化后(信号由低切换到高),可通过按动按钮重新将遮阳卷帘拉出或缩回。

遮阳卷帘可随时从其他操作点进行操纵(例如通过驾驶员侧车门开关组内的按钮)。

(2)断路(供电或局域互联网总线)　遮阳卷帘不能再拉下或拉上。供电断路时,遮阳卷帘停在其当前所处的位置上。

3. 故障信息

接线盒电子装置(JBE)或前部车身电子模块(FEM)或车身域控制器(BDC)中将记录故障。部件的功能可以利用诊断系统对车窗升降机开关及遮阳卷帘按钮进行功能检查。

第十二章

前部电子模块

一、概述

随着前部电子模块（FEM）的引入，以前的控制单元及其功能被新一代产品所取代。由于采用了模块化原理，因此可以在所有车型系列中相应安装前部电子模块（FEM）。前部电子模块（FEM）是车载网络中的中央控制单元。同时前部电子模块（FEM）也是其他控制单元的网关。前部电子模块（FEM）承担了源自旧控制单元——脚部空间模块（FRM）、便捷进入及启动系统（CAS）、接线盒电子装置（JBE）和中央网关模块（ZGM）的功能。中央网关模块（ZGM）作为独立的控制单元安装在前部电子模块（FEM）内。其目的是减少控制单元以及优化组件的联网。通过优化电线束还降低了总线物理容量。

二、控制功能

1. 从 CAS 集成到 FEM 内

以下功能已从便捷进入及启动系统（CAS）集成到前部电子模块（FEM）内。
① 总线端控制；
② 电子禁启动防盗装置；
③ 便捷上车功能；
④ 电动转向锁止件；
⑤ 中控锁。

2. 从JBE集成到FEM内

以下功能已从接线盒电子装置（JBE）集成到前部电子模块（FEM）内。

① 电动车窗升降机；
② 刮水清洗装置；
③ 喷嘴加热装置；
④ 空气调节；
⑤ 座椅加热装置；
⑥ 后视镜加热装置；
⑦ 自动车内空气循环控制系统；
⑧ 雨天/行车灯/雾气/光照传感器。

3. 从FRM集成到FEM内

以下功能已从脚部空间模块（FRM）集成到前部电子模块（FEM）内。
① 外部照明灯；
② 制动信号灯；
③ 车内照明灯；
④ 外后视镜。

中央网关模块（ZGM）作为组件集成在前部电子模块（FEM）内。中央网关模块（ZGM）是控制单元中的控制单元，因为该模块在前部电子模块（FEM）中像一个独立的控制单元一样工作。

中央网关模块（ZGM）的任务是将所有总线系统彼此连接在一起。通过连接可以共同使用来自各总线系统的信息。中央网关模块（ZGM）能够将不同协议和速度转换到其他总线系统上。通过中央网关模块（ZGM）可将编程数据经过以太网传输到车辆内。

前部电子模块（FEM）位于前乘客脚部空间的A柱内，可控制车辆前部区域内的所有功能。前部电子模块见图12-1。

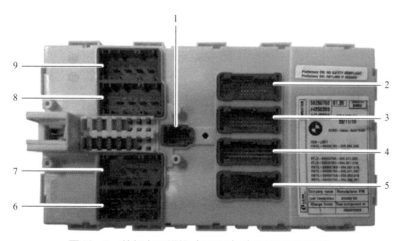

图12-1　前部电子模块（FEM）（参见附录彩图）

1—12芯插头；2—54芯插头；3—54芯插头；4—54芯插头；5—54芯插头；
6—42芯插头；7—54芯插头；8—54芯插头；9—42芯插头

表12-1~表12-9解释了图12-1和图12-2前部电子模块对应的插接。

表12-1 前部电子模块插接器针脚说明

号码（插头）	X-针，颜色	名称
A173*1B	1-针，黑色	部件插头前部电子模块
A173*2B	42-针，黑色	部件插头前部电子模块
A173*3B	54-针，黑色	部件插头前部电子模块
A173*4B	54-针，自然色	部件插头前部电子模块
A173*7B	54-针，自然色	部件插头前部电子模块
A173*8B	54-针，黑色	部件插头前部电子模块
A173*9B	54-针，蓝色	部件插头前部电子模块
A173*10B	12-针，自然色	部件插头前部电子模块

表12-2 插头上的线脚布置（A173*1B）

线脚 Pin	类型	名称/信号类型
1	E	电源总线端 KL.30

表12-3 插头上的线脚布置（A173*2B）

线脚 Pin	类型	名称/信号类型	插座/测量说明
1	A	发动机启动信号	数字式发动机电子伺控系统数字式柴油发动机电子伺控系统
2	A	控制低音喇叭	低音喇叭
3	A	控制高音喇叭	高音喇叭
4	A	电磁离合器控制	空调压缩机
5	—	未被占用	
6	A	调节阀控制	空调压缩机
7	—	未被占用	
8	—	未被占用	
9	—	未被占用	
10	E	信号冷却液液位传感器	冷却液液位传感器
11	E/A	局域互联网总线信号	总线连接
12	A	继电器控制总线端 KL.15N	集成供电模块汽油发动机
13	A	唤醒信号总线端 KL.15	连接器唤醒信号总线端 KL.15
14	A	控制水阀	水阀
15	—	未被占用	
16	—	未被占用	
17	—	未被占用	

续表

线脚 Pin	类型	名称/信号类型	插座/测量说明
18	E/A	PT-CAN 总线信号	总线连接
19	E/A	PT-CAN 总线信号	总线连接
20	E/A	K-CAN2 总线	K-CAN2 总线连接
21	E/A	K-CAN2 总线	K-CAN2 总线连接
22	A	控制挡风玻璃刮水器	挡风玻璃刮水器
23	A	控制挡风玻璃刮水器	挡风玻璃刮水器
24	A	控制大灯清洗装置清洗泵	大灯清洗装置清洗泵
25	A	近光灯控制	右侧大灯
26	A	远光灯控制	左侧大灯
27	—	未被占用	
28	—	未被占用	
29	—	未被占用	
30	E	车门触点信号	驾驶员侧车门锁
31	E	车门触点信号	前乘客侧车门锁
32	E	后备厢盖中央保险信号	内部后备厢盖上的后备厢盖按钮
33	E	车外温度信号	车外温度传感器
34	E	车外温度信号	车外温度传感器
35	A	控制辅助水泵	辅助水泵
36	E	复位触头信号	挡风玻璃刮水器
37	E	制动信号	车内后备厢盖按钮
38	E	车门触点信号	驾驶员侧后车门锁
39	E	车门触点信号	前乘客侧后车门锁
40	E	锁止件接触信号	车前盖触点开关
41	A	查寻照明	连接器 58g
42	A	车内灯控制	车顶功能中心

表12-4 插头上的线脚布置（A173*3B）

线脚 Pin	类型	名称/信号类型	插座/测量说明
1	A	电源总线端 KL.15	后部电子模块
2	A	电源总线端 KL.15	数字式发动机电子伺控系统数字式柴油发动机电子伺控系统
3	A	电源总线端 KL.30B	碰撞安全模块
4	A	双稳态继电器控制	后部熔丝支架

续表

线脚 Pin	类型	名称/信号类型	插座/测量说明
5	A	双稳态继电器控制	后部熔丝支架
6	M	接地	接地点
7	A	前雾灯控制	左前雾灯
8	A	前雾灯控制	右前雾灯
9	E	车内灯控制	后部车内灯
10	E	信号驻车制动器报警开关	驻车制动器报警开关
11	E/A	信号冲洗液液位传感器	冲洗液液位传感器
12	M	后座区通风格栅负极接头	后座区通风格栅
13	A	供电后座区通风格栅	后座区通风格栅
14	E	信号后座区通风格栅	后座区通风格栅
15	E/A	局域互联网总线信号	鼓风机输出级
16	A	制动信号灯开关信号	后部电子模块
17	A	闪烁报警灯开关信号	后部电子模块
18	A	电源总线端 KL.30B	离合器模块数字式发动机电子伺控系统
19	A	继电器控制总线端 KL.30B	前部配电器
20	A	继电器控制总线端 KL.15N	前部配电器
21	E	车内灯控制	车顶功能中心
22	E	制动信号灯开关信号	制动信号灯开关
23	E	信号离合器模块	离合器模块
24	M	传感器接地	制冷剂压力传感器
25	A	供电制冷剂压力传感器	制冷剂压力传感器
26	E	信号制冷剂压力传感器	制冷剂压力传感器
27	E	信号 AUC 传感器	AUC 传感器
28	E	信号倒车挡开关	倒车挡开关
29	E/A	总线信号诊断	DC/DC 转换器较早生产
30	A	电源总线端 KL.30F	保险连接器
31	A	电源总线端 KL.30F	诊断插座
32	A	电源总线端 KL.30F	左侧大灯
33	E	电源总线端 KL.30	熔丝 F57
34	A	远光灯控制	右侧大灯
35	A	近光灯控制	左侧大灯

续表

线脚 Pin	类型	名称/信号类型	插座/测量说明
36	A	转向信号灯控制	右侧大灯
37	A	右侧转向信号灯控制	电动外部后视镜
38	A	驱动模块电源	右侧大灯
39	A	控制停车灯	右侧大灯
40	A	控制示宽灯（美规）	右侧大灯
41	A	双氙气灯翻盖控制	右侧大灯
42	—	未被占用	
43	—	未被占用	
44	—	未被占用	
45	—	未被占用	
46	—	未被占用	
47	A	电源总线端 KL.30F	后部电子模块
48	A	转向信号灯控制	左侧大灯
49	A	左侧转向信号灯控制	电动外部后视镜
50	A	驱动模块电源	左侧大灯
51	A	控制停车灯	左侧大灯
52	A	控制示宽灯（美规）	左侧大灯
53	A	双氙气灯翻盖控制	左侧大灯
54	—	未被占用	

表12-5 插头上的线脚布置（A173*4B）

线脚 Pin	类型	名称/信号类型	插座/测量说明
1	A	标准后视镜加热装置控制	前乘客侧外后视镜
2	A	标准后视镜加热装置控制	驾驶员侧外后视镜
3	A	喷嘴加热装置控制	可加热式喷嘴连接器
4	A	继电器控制总线端 KL.15N	后部熔丝支架
5	A	继电器控制总线端 KL.30B	后部熔丝支架
6	—	未被占用	
7	A	车窗升降机驱动装置控制	前乘客车窗升降机驱动装置
8	A	车窗升降机驱动装置控制	前乘客车窗升降机驱动装置
9	A	霍尔传感器电源	前乘客车窗升降机驱动装置
10	E	霍尔传感器信号	前乘客车窗升降机驱动装置

续表

线脚 Pin	类型	名称/信号类型	插座/测量说明
11	E	霍尔传感器信号	前乘客车窗升降机驱动装置
12	E	信号前乘客侧车门车窗升降机开关	前乘客侧车门车窗升降机开关
13	E	无钥匙便捷上车及启动天线信号	前部中央控制台车内天线
14	E	无钥匙便捷上车及启动天线信号	前部中央控制台车内天线
15	E/A	局域互联网总线信号	遥控接收器
16	A	中控锁驱动装置控制	燃油箱盖中控锁驱动装置
17	A	中控锁驱动装置控制	前乘客侧后车门锁
18	A	中控锁驱动装置控制	中控锁驱动装置中央控制台杂物箱敞篷车
	A	中控锁驱动装置控制	驾驶员侧后车门锁四门车
19	A	中控锁驱动装置控制	前乘客侧车门锁
20	A	中控锁驱动装置控制	驾驶员侧车门锁
21	A	霍尔传感器电源	驾驶员车窗升降机驱动装置
22	E	霍尔传感器信号	驾驶员车窗升降机驱动装置
23	E	霍尔传感器信号	驾驶员车窗升降机驱动装置
24	—	未被占用	
25	E	无钥匙便捷上车及启动天线信号	后部中央控制台车内天线
26	E	无钥匙便捷上车及启动天线信号	后部中央控制台车内天线
27	E/A	局域互联网总线信号	前乘客侧外后视镜
28	A	中控锁驱动装置控制	前乘客侧车门锁
29	A	中控锁驱动装置控制	驾驶员侧车门锁
30	A	中控锁驱动装置控制	驾驶员侧车门锁
31	A	中控锁驱动装置控制	前乘客侧车门锁
32	—	未被占用	
33	M	接地	接地点
34	A	车窗升降机驱动装置控制	驾驶员车窗升降机驱动装置
35	A	车窗升降机驱动装置控制	驾驶员车窗升降机驱动装置
36	A	控制车窗玻璃清洗泵	车窗玻璃清洗泵
37	A	控制手动大灯光线水平调整	右侧大灯
38	A	控制手动大灯光线水平调整	右侧大灯
39	A	控制手动大灯光线水平调整	右侧大灯
40	A	控制手动大灯光线水平调整	右侧大灯

续表

线脚 Pin	类型	名称/信号类型	插座/测量说明
41	E/A	局域互联网总线信号	总线连接
42	E/A	局域互联网总线信号	驾驶员侧车门开关组
43	A	中控锁驱动装置控制	前乘客侧后车门锁
44	A	中控锁驱动装置控制	驾驶员侧后车门锁四门车
44	A	中控锁驱动装置控制	中控锁驱动装置中央控制台杂物箱敞篷车
45	A	中控锁驱动装置控制	燃油箱盖中控锁驱动装置
46	A	中控锁驱动装置控制	前乘客侧后车门锁
47	A	中控锁驱动装置控制	驾驶员侧后车门锁
48	A	控制后窗清洗泵	后窗清洗泵
49	A	控制手动大灯光线水平调整	左侧大灯
50	A	控制手动大灯光线水平调整	左侧大灯
51	A	控制手动大灯光线水平调整	左侧大灯
52	A	控制手动大灯光线水平调整	左侧大灯
53	E/A	局域互联网总线信号	左侧大灯
54	E/A	局域互联网总线信号	右侧大灯

表12-6　插头上的线脚布置（A173*7B）

线脚 Pin	类型	名称/信号类型	插座/测量说明
1	A	电源总线端 KL.30F	制热空调器
2	A	查寻照明	制热空调器
3	—	未被占用	
4	M	接地	制热空调器
5	E	信号换挡平衡杆	转向柱开关中心
6	M	接地	转向柱开关中心
7	A	电源总线端 KL.30F	转向柱开关中心
8	E/A	局域互联网总线信号	转向柱开关中心
9	E/A	局域互联网总线信号	转向柱开关中心
10	M	接地	转向柱开关中心
11	M	接地	电动转向锁止件
12	A	电源总线端 KL.30	电动转向锁止件
13	E/A	局域互联网总线信号	电动转向锁止件
14	M	接地	电动转向锁止件

续表

线脚 Pin	类型	名称/信号类型	插座/测量说明
15	M	接地	手套箱灯开关
16	—	未被占用	
17	—	未被占用	
18	—	未被占用	
19	—	未被占用	
20	—	未被占用	
21	E/A	局域互联网总线信号	制热空调器
22	A	车外温度信号	组合仪表
23	A	车外温度信号	组合仪表
24	M	接地	组合仪表
25	M	接地	组合仪表
26	A	唤醒信号总线端 KL.15	组合仪表
27	E	中央保险按钮信号	中控锁按钮警示闪烁开关操纵装置
28	A	查寻照明	中控锁按钮警示闪烁开关操纵装置
29	M	接地	中控锁按钮警示闪烁开关操纵装置
30	A	LED 指示灯控制	中控锁按钮警示闪烁开关操纵装置
31	E	闪烁报警灯开关信号	中控锁按钮警示闪烁开关操纵装置
32	M	接地	平视显示系统
33	E/A	K-CAN 总线	制热空调器较早生产
34	E/A	K-CAN 总线	制热空调器较早生产
35	E/A	PT-CAN 总线信号	组合仪表
36	E/A	PT-CAN 总线信号	组合仪表
37	A	电源总线端 KL.30F	驾驶员辅助系统操作面板
38	E/A	局域互联网总线信号	驾驶员辅助系统操作面板
39	M	接地	驾驶员辅助系统操作面板
40	A	电源总线端 KL.30F	灯光开关单元
41	E/A	局域互联网总线信号	灯光开关单元
42	M	接地	灯光开关单元
43	E	发动机启动信号	启动/停止按钮
44	A	LED 指示灯控制	启动/停止按钮
45	E	信号启动/停止按钮	启动/停止按钮

续表

线脚 Pin	类型	名称/信号类型	插座/测量说明
46	M	接地	启动/停止按钮
47	A	LED 指示灯控制	启动/停止按钮
48	—	未被占用	
49	E	信号启动/停止按钮	启动/停止按钮
50	M	接地	启动/停止按钮
51	E	信号宾馆泊车开关	宾馆泊车开关
52	M	接地	宾馆泊车开关
53	E	无钥匙便捷上车及启动天线信号	环形天线
54	E	无钥匙便捷上车及启动天线信号	环形天线

表12-7 插头上的线脚布置（A173*8B）

线脚 Pin	类型	名称/信号类型	插座/测量说明
1	—	未被占用	
2	—	未被占用	
3	—	未被占用	
4	—	未被占用	
5	—	未被占用	
6	—	未被占用	
7	—	未被占用	
8	—	未被占用	
9	E/A	FlexRay 总线信号	车道变换警告或前部电子模块
10	E/A	FlexRay 总线信号	车道变换警告或前部电子模块
11	E/A	FlexRay 总线信号	前部电子模块或分动器
12	E/A	FlexRay 总线信号	前部电子模块或分动器
13	E/A	FlexRay 总线信号	数字式发动机电子伺控系统数字式柴油发动机电子伺控系统
14	E/A	FlexRay 总线信号	数字式发动机电子伺控系统数字式柴油发动机电子伺控系统
15	—	未被占用	
16	—	未被占用	
17	E/A	以太网数据导线	诊断插座
18	E/A	以太网数据导线	诊断插座
19	—	未被占用	
20	—	未被占用	

续表

线脚 Pin	类型	名称/信号类型	插座/测量说明
21	E/A	FlexRay 总线信号	前部电子模块
22	E/A	FlexRay 总线信号	前部电子模块
23	E/A	FlexRay 总线信号	前部电子模块
24	E/A	FlexRay 总线信号	前部电子模块
25	—	未被占用	
26	—	未被占用	
27	E/A	FlexRay 总线信号	前部电子模块或电动机电子装置可控的后桥锁
28	E/A	FlexRay 总线信号	前部电子模块或电动机电子装置可控的后桥锁
29	E/A	FlexRay 总线信号	电子减震控制系统或前部电子模块
30	E/A	FlexRay 总线信号	电子减震控制系统或前部电子模块
31	E/A	FlexRay 总线信号	电动机械式助力转向系统
32	E/A	FlexRay 总线信号	电动机械式助力转向系统
33	E/A	FlexRay 总线信号	一体式底盘管理系统
34	E/A	FlexRay 总线信号	一体式底盘管理系统
35	E/A	以太网数据导线	诊断插座
36	E/A	以太网数据导线	诊断插座
37	—	未被占用	
38	—	未被占用	
39	—	未被占用	
40	—	未被占用	
41	—	未被占用	
42	—	未被占用	
43	—	未被占用	
44	—	未被占用	
45	E/A	总线信号诊断	诊断插座
46	E/A	总线信号诊断	诊断插座
47	E/A	PT-CAN 总线信号	总线连接
48	E/A	PT-CAN 总线信号	总线连接
49	E/A	K-CAN2 总线	总线连接
50	E/A	K-CAN2 总线	总线连接
51	E/A	K-CAN 总线信号	总线连接

续表

线脚 Pin	类型	名称/信号类型	插座/测量说明
52	E/A	K-CAN 总线信号	总线连接
53	E/A	以太网数据导线	诊断插座
54	—	未被占用	

表12-8　插头上的线脚布置（A173*9B）

线脚 Pin	类型	名称/信号类型	插座/测量说明
1	—	未被占用	
2	—	未被占用	
3	—	未被占用	
4	—	未被占用	
5	—	未被占用	
6	—	未被占用	
7	—	未被占用	
8	—	未被占用	
9	E	无钥匙便捷上车及启动天线信号	驾驶员侧车外天线
10	E	无钥匙便捷上车及启动天线信号	前乘客侧室外天线
11	E	无钥匙便捷上车及启动天线信号	后备厢天线
12	E	无钥匙便捷上车及启动天线信号	保险杠天线
13	—	未被占用	
14	—	未被占用	
15	E	车门外把手电子装置信号	驾驶员侧车外把手电子装置较早生产
16	E	车门外把手电子装置信号	前乘客侧车门外把手电子装置较早生产
17	—	未被占用	
18	—	未被占用	
19	—	未被占用	
20	—	未被占用	
21	—	未被占用	
22	—	未被占用	
23	—	未被占用	
24	—	未被占用	
25	—	未被占用	

续表

线脚 Pin	类型	名称/信号类型	插座/测量说明
26	—	未被占用	
27	E	无钥匙便捷上车及启动天线信号	驾驶员侧车外天线
28	E	无钥匙便捷上车及启动天线信号	前乘客侧室外天线
29	E	无钥匙便捷上车及启动天线信号	后备厢天线
30	E	无钥匙便捷上车及启动天线信号	保险杠天线
31	—	未被占用	
32	—	未被占用	
33	E	车门外把手电子装置信号	驾驶员侧车门外把手电子装置
34	E	车门外把手电子装置信号	前乘客侧车门外把手电子装置
35	—	未被占用	
36	—	未被占用	
37	—	未被占用	
38	—	未被占用	
39	—	未被占用	
40	—	未被占用	
41	—	未被占用	
42	—	未被占用	
43	—	未被占用	
44	—	未被占用	
45	E/A	局域互联网总线信号	无接触式后备厢盖打开装置的电子分析装置
46	—	未被占用	
47	—	未被占用	
48	—	未被占用	
49	A	车内灯控制	车顶功能中心
50	A	查寻照明和环境照明灯	查寻照明和环境照明灯连接器
51	A	查寻照明和环境照明灯	查寻照明和环境照明灯连接器
52	A	前景照明控制	前景照明连接器
53	A	车内灯控制	车内灯连接器
54	A	车内灯控制	车内灯连接器

表12-9 插头上的线脚布置（A173*10B）

线脚 Pin	类型	名称/信号类型	插座/测量说明
1	E/A	以太网数据导线	主机
2	E/A	以太网数据导线	主机
3	E/A	以太网数据导线	主机
4	—	未被占用	
5	—	未被占用	
6	—	未被占用	
7	E/A	以太网数据导线	主机
8	E/A	以太网数据导线	主机
9	A	查寻照明	DVD机或主机
10	E/A	K-CAN2 总线	总线连接
11	E/A	K-CAN2 总线	总线连接
12	A	电源总线端 KL.30F	标准型远程通信箱

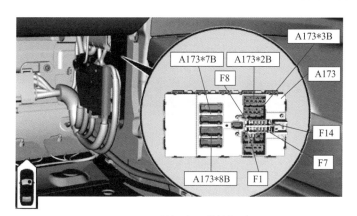

图12-2 前部电子模块插头

三、内部电路

前部电子模块（FEM）通过9个插头连接在车辆上。

为避免连接时发生混淆，颜色相同的插头外壳采用不同的设码，以此杜绝因疏忽而插错。

一个1芯插头是FEM供电的输入端。

在前部电子模块（FEM）的熔丝组内安装了用于以下用电器的熔丝：

① 中控锁驱动装置；

② 车外门把手电子装置；

③ 电动车窗升降机驱动装置；

④ 车灯操作单元、驾驶员辅助系统操作单元和转向柱开关中心；

⑤ 后部电子模块（REM）和大灯驱动器模块；

⑥ 喇叭。

前部电子模块内部电路见图12-3。

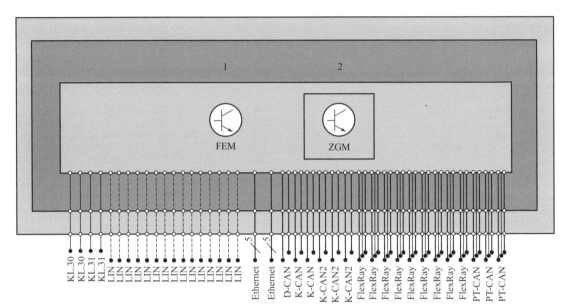

图12-3　前部电子模块内部电路（参见附录彩图）

1—前部电子模块（FEM）；2—中央网关模块（ZGM虚拟控制单元）

四、失效影响

与前部电子模块（FEM）的通信失灵时，进行标准检测（整体测试模块）。存在某个控制单元内部故障时，前端电子模块（FEM）记录故障。

附 录
Appendix

本书彩图

图2-1 发动机控制单元内部结构和元件

1—燃油信号处理模块；2—节气门控制信号模块；3—中央处理器；4—喷油控制驱动器；5—活性炭罐驱动器；6—氧传感器驱动器；7—S+M片式磁珠

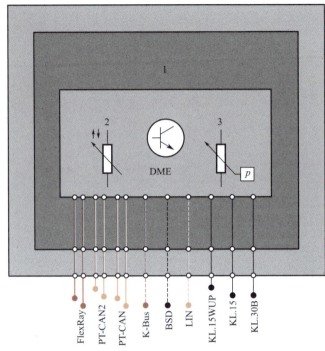

图2-7 内部电路

1—数字式发动机电子伺控系统(DME);2—环境温度传感器;3—环境压力传感器

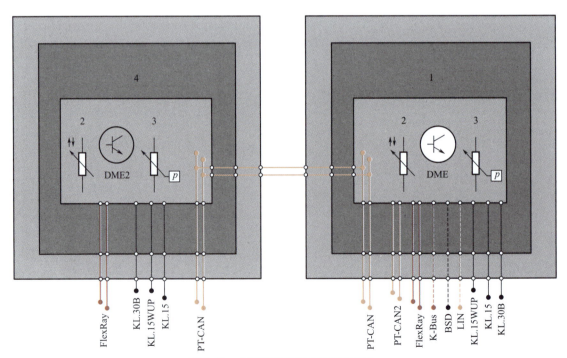

图2-8 内部电路(两个控制单元)

1—数字式发动机电子伺控系统(DME主控单元);2—环境温度传感器;
3—环境压力传感器;4—数字式发动机电子伺控系统2(DME从控单元)

Appendix 附录 本书彩图

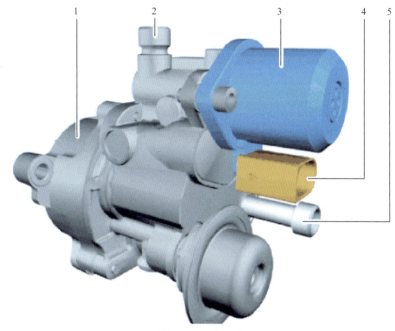

图2-10 高压泵

1—高压泵；2—通往油轨的高压管路的接头；3—量控阀；
4—2芯插头；5—来自燃油泵的低压管路的接头

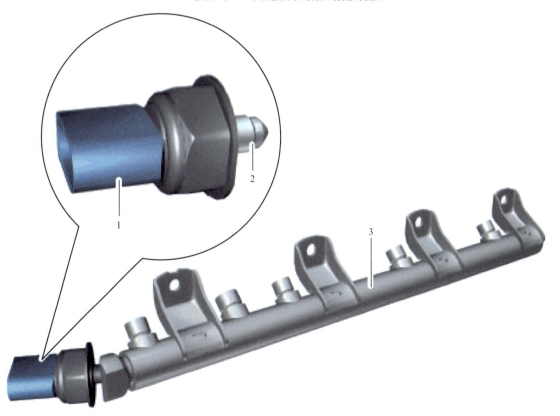

图2-11 油轨压力传感器

1—3芯插头；2—油轨压力传感器；3—燃油分配器（轨道）

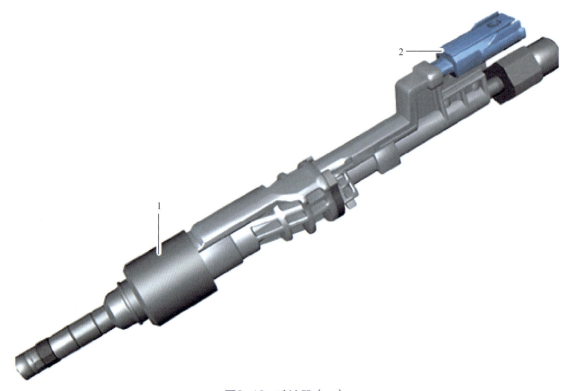

图2-13 喷油器(一)

1—喷射装置;2—2芯插头

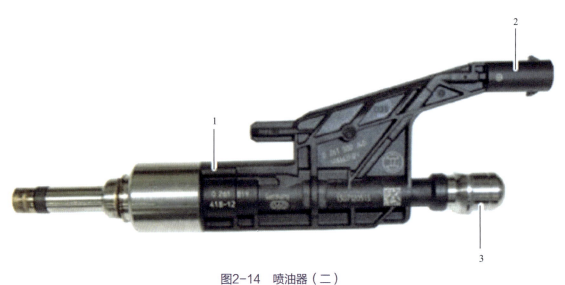

图2-14 喷油器(二)

1—喷油器;2—电气接头;3—直接连接油轨

Appendix 附录 本书彩图

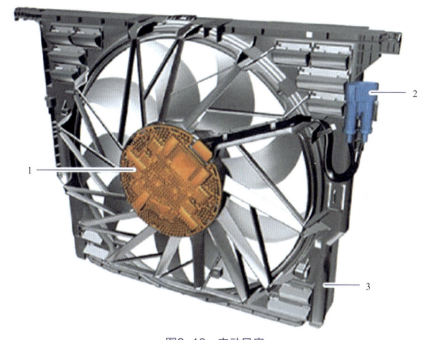

图2-18 电动风扇
1—电动风扇驱动装置；2—4芯插头；3—集风罩

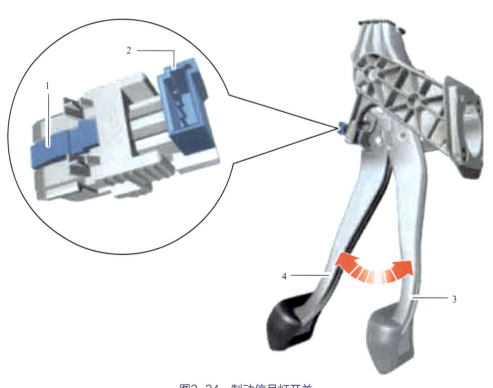

图2-24 制动信号灯开关
1—制动信号灯开关；2—4芯插头；3—制动踏板已踩下；4—制动踏板未踩下

171

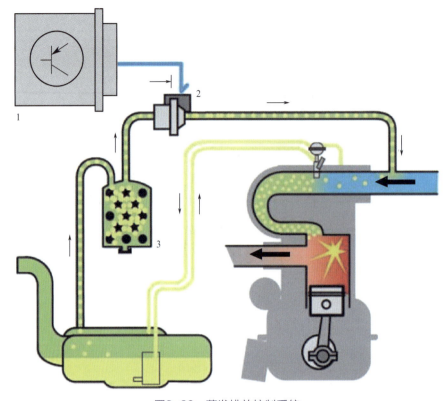

图2-29 蒸发排放控制系统

1—发动机控制单元；2—电磁阀；3—活性炭罐

图4-1 ICM控制单元内部结构

1—冗余横向加速度传感器；2—纵向和横向加速度传感器；3—伺服转向助力系统阀和ECO阀的末级；4—FlexRay控制器；5—微处理器；6—偏航角速度传感器；7—冗余偏航角速度传感器

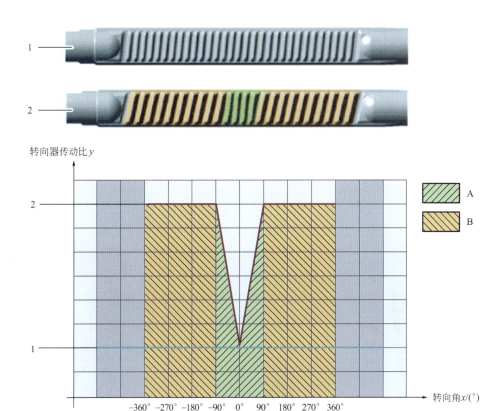

图4-3 转向系统
1—EPS标准型齿条（恒定不变的啮合几何）；2—可变运动型转向系统齿条（可变啮合几何）；
A—可变运动型转向系统的转向器传动比更加间接；B—可变运动型转向系统的转向器传动比更加直接

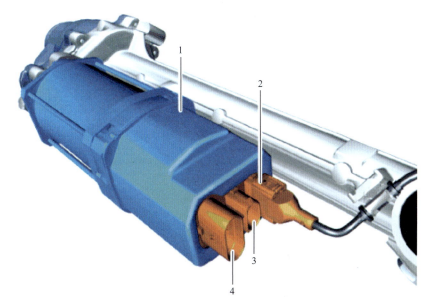

图4-4 EPS单元
1—具有伺服电动机的EPS单元和EPS控制单元；2—转向阻力矩传感器的插头，6针（使用了5个线脚）；
3—车载网络的插头，6针（使用了3个线脚）；4—电源插头，2芯

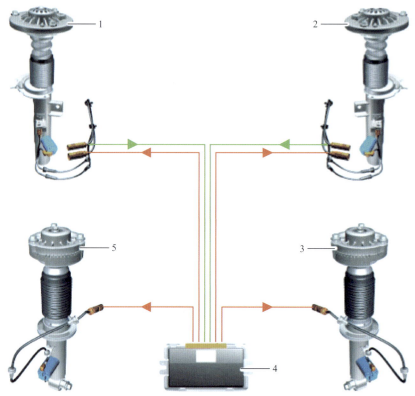

图4-9 电子减震控制系统（EDC）（举例宝马F25）

1—左前减震器；2—右前减震器；3—右后减震器；4—EDC控制单元；5—左后减震器

图4-11 前减震器

1—右前减震器；2—垂直加速传感器；3—拉伸阶段和压缩阶段的EDC阀门；4—3芯插头；5—2芯插头

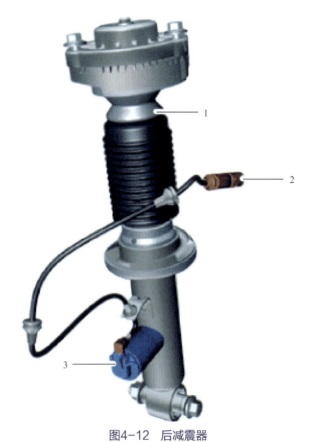

图4-12 后减震器

1—右后减震器；2—2芯插头；3—拉伸阶段和压缩阶段的EDC阀门

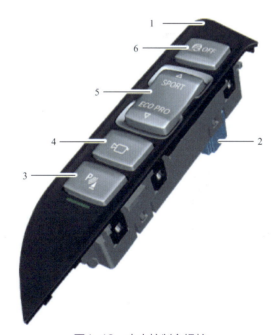

图4-13 中央控制台操控

1—中央控制台操作设备；2—10芯插头；3—驻车辅助按钮；4—侧视摄像机按钮；
5—具有ECOPRO模式的驾驶体验开关；6—DSC按钮关闭

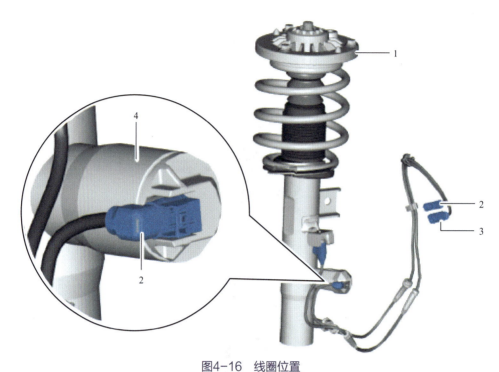

图4-16 线圈位置

1—减震器;2—2芯插头(电磁阀线圈);3—3芯插头(垂直加速传感器);4—EDC阀门

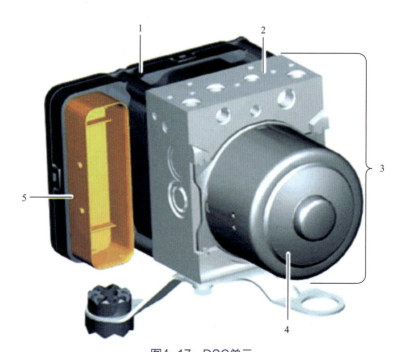

图4-17 DSC单元

1—DSC电子控制单元;2—阀体;3—DSC液压单元;4—泵马达;5—控制单元47芯插头(控制单元插接器端子见表4-6~表4-8以及图4-18)

Appendix 附录 本书彩图

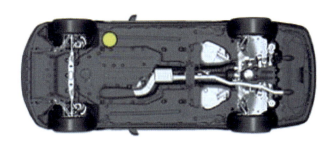

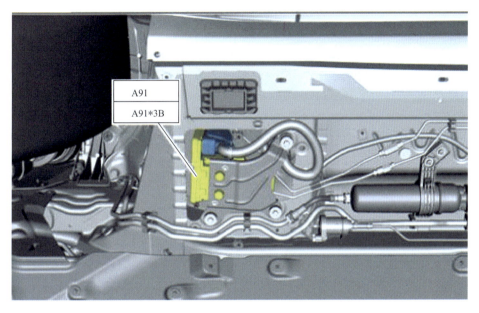

图4-18 控制单元插头（对应表4-6、表4-7）

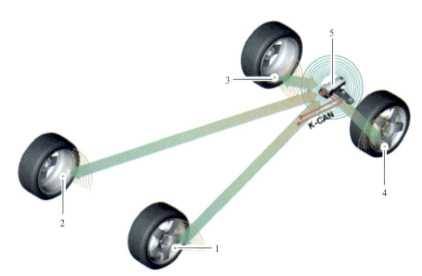

图4-20 轮胎压力监控系统

1—左前车轮电子系统；2—右前车轮电子系统；3—右后车轮电子系统；4—左后车轮电子系统；5—RDC控制单元

177

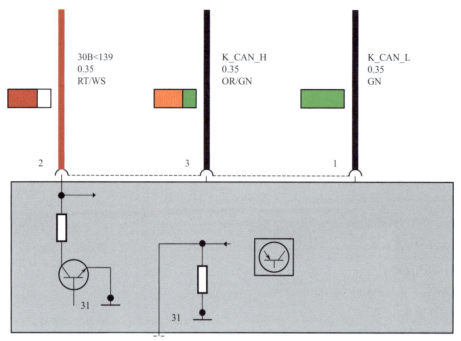

图4-23 RDC控制单元电路

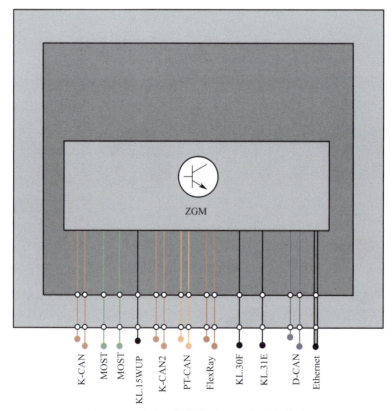

图10-3 中央网关模块(ZGM)内部电路

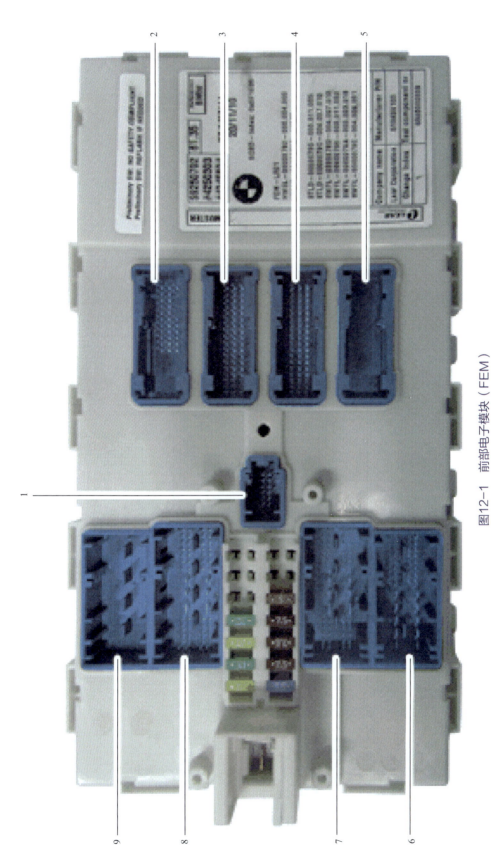

图12-1 前部电子模块（FEM）

1—12芯插头；2—54芯插头；3—54芯插头；4—54芯插头；5—54芯插头；6—42芯插头；7—54芯插头；8—54芯插头；9—42芯插头

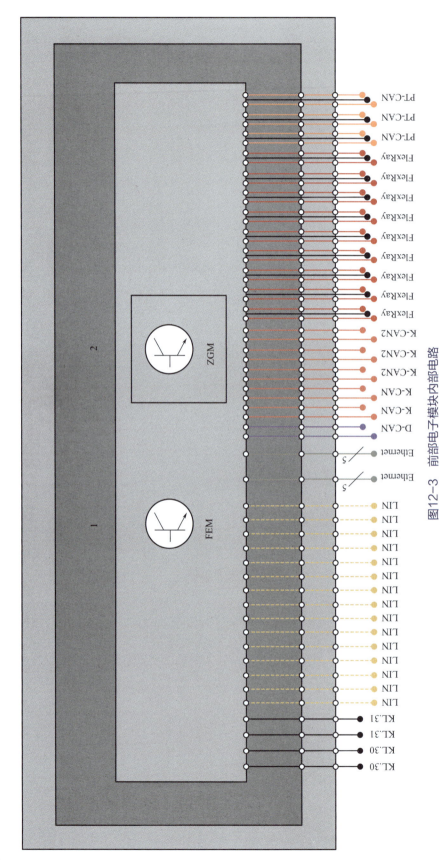

图12-3 前部电子模块内部电路
1—前部电子模块（FEM）；2—中央网关模块（ZGM虚拟控制单元）

参考文献

［1］周晓飞.汽车构造与原理百日通.北京：化学工业出版社，2017.
［2］孙兵凡.汽车定期维护.北京：化学工业出版社，2018.
［3］李林.汽车维修技能1008问.北京：机械工业出版社，2013.